应急救援培训系列丛书

应急救援法律法规

（第二版）

赵正宏　编著

中国石化出版社
·北京·

内 容 提 要

本书为《应急救援培训系列丛书》之一，本书为第二版，本次修订增加了部分标准，对部分法规进行了更新。书中内容是作者结合多年从事安全管理、信息研究、应急救援等工作的理论实践经验，针对新时代应急救援人员所应掌握的相关法律法规、规章制度、规程标准，进行了归纳总结，对其中重点条款提出自己的理解，并以“接地气”的短句进行提炼，具有较强的实用性和可读性。

本书可供相关企业员工自学、培训使用，也可供应急管理人员学习参考，还可作为高等院校和高职高专相关专业的教材。

图书在版编目(CIP)数据

应急救援法律法规 / 赵正宏编著 . —2 版 . —北京：中国石化出版社，2025. 2. —（应急救援培训系列丛书）. —ISBN 978-7-5114-7865-8

Ⅰ. D922. 1

中国国家版本馆 CIP 数据核字第 2025GA4023 号

中国石化出版社出版发行
地址:北京市东城区安定门外大街 58 号
邮编:100011　电话:(010)57512500
发行部电话:(010)57512575
http://www. sinopec-press. com
E-mail:press@ sinopec. com
北京科信印刷有限公司印刷
全国各地新华书店经销
*
850 毫米×1168 毫米 32 开本 8. 25 印张 200 千字
2025 年 2 月第 2 版　2025 年 2 月第 1 次印刷
定价:49. 00 元

全面强化应急管理　提高防灾减灾救灾能力

序

经过长期努力，中国特色社会主义进入了新时代。树立安全发展理念，弘扬生命至上、安全第一的思想，健全公共安全体系，完善安全生产责任制，坚决遏制重特大安全事故，提升防灾减灾救灾能力，是新时代提高保障和改善民生水平，加强和创新社会治理的重要思想。

站在新的历史起点，中共中央深化党和国家机构改革，组建了中华人民共和国应急管理部，树起了全面强化应急管理的里程碑。这一重大改革，将有力推动统一指挥、专常兼备、反应灵敏、上下联动、平战结合的中国特色应急管理体制的形成，促进国家应急管理能力，包括安全生产在内的全面防灾减灾救灾能力的迅速提高，有效防范遏制重特大事故的发生，维护人民群众生命财产安全，提高人民群众获得感、幸福感、安全感。

中国应急管理翻开了新的历史篇章！

新时代我国社会主要矛盾是人民日益增长的美好生活需要和不平衡不充分的发展之间的矛盾，必须坚持以人民为中心的发展思想，不断促进人的全面发展。安全生产是关系人民群众生命财产安全的大事，是经济社会协调健康发展的标志，是党和政府对人民利益高度负责的要求。确保人民群众生命财产安全，是以人民为中心的根本前提和重要保障。

当前，我国正处在工业化、城镇化持续推进过程中，生产经营规模不断扩大，传统和新型生产经营方式并存，各类安全风险交织叠加，企业主体责任落实不力等问题依然突出，生产安全事故易发多发，尤其是重特大安全事故频发势头尚未得到有效遏制。企业应急管理还存在诸多问题，如因风险辨识、隐患排查能力不足，应急准备出现“空白点”；应急预案针对性、简洁性、衔接性不足；现代应急装备缺乏，抢大险救大灾能力不足；从业人员应急意识弱、应急知识少、应急技能低；等等。落实企业安全主体责任，提高防灾减灾救灾能力，是当前安全生产工作的重中之重。新中国成立以来第一个以党中央、国务院名义出台的安全生产工作的纲领性文件《中共中央 国务院关于推进安全生产领域改革发展的意见》强调指出，要建立企业全过程安全生产管理制度，做到安全责任、管理、投入、培训和应急救援“五到位”，要开展经常性的应急演练和人员避险自救培训，着力提升现场应急处置能力。国有企业要发挥安全生产工作示范带头作用。

《应急救援培训系列丛书》以安全发展理念和生命至上、安全第一的思想为指引，坚持生命至上、科学救援的原则，紧绕企业应急管理中存在的问题和石化行业特点，系统阐述了应急救援管理基础、法律法规、预案编制与演练、应急装备及其典型案例处置等知识，突出针对性、实用性，适于应急培训之用，也可供广大安全生产和应急管理人员工作参考。相信，该培训系列丛书对于落实企业主体责任，提高企业防灾减灾救灾能力，遏制重特大事故，具有积极的现实意义和长远的指导意义。

目　录

CONTENTS

第一章　应急救援法治建设概述

第二章　应急救援法律

第三章　应急救援法规

第四章 应急救援部门规章

第五章 应急管理相关规范性文件

第六章 应急救援相关标准

第一章　应急救援法治建设概述

战国政治家荀子曰："法者，治之端也。"意谓制定法律，乃治理国家的首要之举。同一时代的秦国名相吕不韦笃断："治国无法则乱。"北宋政治家王安石精于变法，认为："立善法于天下，则天下治；立善法于一国，则一国治。"深刻揭示了科学立法的重要性：法制不仅要有，而且要健全。法制不健全，法治照样做不好，管理同样会混乱，目的依然难达到。明朝宰相张居正治国理政，功高盖世，以法治国，感悟更深："天下之事，不难于立法，而难于法之必行。"也即立法不是最难的，最难的是执行到位，从深层次上揭示了法对人的行为的强制力、约束性与人崇尚自由、拒绝约束是一对恒久对立的矛盾，并成为法制虽然健全，但有令不行有禁不止现象亘古难绝的主因。历经几千年的法治实践，治国先贤们早已深谙依法治国之道。时至今日，依法治国、建设社会主义法治国家仍是我国政府治理国家一脉相承的基本方略。党的十九大明确提出，全面推进依法治国总目标是建设中国特色社会主义法治体系、建设社会主义法治国家。全面依法治国是中国特色社会主义的本质要求和重要保障。

应急救援工作事关人民群众生命财产安全，事关改革发展和社会稳定大局，是党和政府对人民利益高度负责的要求。十几年来，我国安全生产形势持续向好，成绩显著，但是，事故总量依然居高不下，重特大事故时有发生，安全生产形势依然严峻。危险化学品领域，仍然是安全生产的"重灾区"，事故总量居高不下；尤其是重特大生产安全事故给国家和人民生命财产造成了重大损失，如2015年8月12日，天津市滨海新区某公司危险品仓库爆炸火灾事故，造成165人遇难，798人受伤住院治疗，304幢建筑物、12428辆商品汽车、7533个集装箱受损，经济损失达百亿元人民币，可谓损失惨重，影响恶劣。

我国城市化进程明显加快，发展方式、产业结构和区域布局正在发生深刻变化，新技术、新材料、新工艺广泛应用，安全风险不断增加，特别是危险化学品生产经营规模不断扩大，传统和新型生产经营方式并存，新、旧安全风险交织叠加，危险化学品生产安全事故潜在易发多发的特征，迫切要求依法加强应急管理，健全危险化学品安全生产应急救援管理体系，完善事故应急救援预案，加强应急救援基地和队伍建设，完善应急救援联动机制，健全应急物资储备调用机制，持续推进危险化学品安全生产应急保障能力的提高。

中国特色社会主义进入新时代，社会主要矛盾转化为人民日益增长的美好生活需要和不平衡不充分的发展之间的矛盾。虽然我国安全生产形势持续向好，但安全生产仍是我国社会治理的短板和弱项。民众对生命安康需求的迅速提升，从客观上要求大力推进应急工作，一旦出现重大人员伤亡，都会带来严重的社会影响。生命至上、安全第一，构建和谐社会成为新时代各项建设的重要指导思想，保障人民的生命财产免受侵害成为应急工作的重要目标。中国特色社会主义进入新时代，人民美好生活需要日益广泛，不仅对物质文化生活提出了更高要求，而且在法治、安全、环境等方面的要求日益增长。没有规矩，不成方圆。健全法制，依法管理，是加强新时代应急管理的客观要求，是保障应急救援工作顺利开展、圆满实现应急预期目标的重要保障。

加强应急救援法治建设，加快推进应急救援法治进程，是强化应急管理、提高应急保障能力的重要举措，有利于规范应急管理，改进应急处置，提高救援效率，有利于避免、减少事故的发生，有利于避免、减少人员的伤亡和财产损失，有利于社会的稳定，有利于创造良好的经济效益、生态效益和社会效益，是筑牢事故灾难最后一道防线的长效之计。加强应急救援法治建设，大势所趋，工作所迫，刻不容缓。

一、应急救援法治建设指导思想

宏观而言，就是以习近平新时代中国特色社会主义思想为指导，全面推进科学立法、严格执法、公正司法、全民守法，坚持依法治国、依法执政、依法行政共同推进，坚持法治国家、法治政府、法治社会一体建设，不断满足人民日益增长的美好生活需要，形成有效的社会治理和良好的生产秩序。

具体来讲，即树立安全发展理念，弘扬生命至上、安全第一的思想，坚持全过程、全方位有法可依，有法必依，执法必严，违法必究的原则，不断健全公共安全体系，完善安全生产责任制，坚决遏制重特大安全事故，提升防灾减灾救灾能力，努力消减人身伤亡和财产损失，保护人民的生命权、健康权、财产权、人格权，使人民的获得感、幸福感、安全感更加充实、更有保障、更可持续，助力建设社会主义现代化强国。

二、法律层级与效力

（一）法的广义性与狭义性

从广义上讲，法是指国家按照统治阶级利益和意志制定或者认可，并由国家强制力保证其实施的行为规范的总和。

从狭义上讲，法是专指拥有立法权的机关依照立法程序制定和颁布的规范性文件，即具体的法律规范，包括宪法、法令、法律、行政法规、地方性法规、行政规章、判例、习惯法等各种成文法和不成文法。

关于法和法律。在人们的日常生活中，使用法律一词，多是广义性的。如“执法必严”“法律面前人人平等”，其中涉及的法和法律都是从广义上讲的。为了加以区别，法学专业领域将广义的法律称为法；但在很多场合，二者都根据约定俗成原则，统称为法律。

(二) 法的分类

按照法的法律地位和法律效力的层级，法的分类如下：

1. 宪法

宪法是国家的根本法，具有最高的法律地位和法律效力。

2. 法律

广义的法律与法同义。狭义的法律特指由享有国家立法权的机关依照一定的立法程序制定和颁布的规范性文件。法律的地位和效力仅次于宪法。

3. 行政法规

行政法规是国家行政机关制定的规范性文件的总称。狭义的行政法规专指最高国家行政机关即国务院制定的规范性文件。行政法规的名称通常为条例、规定、办法、决定等。

4. 地方性法规

地方性法规是指地方国家机关依照法定职权和程序制定和颁布的、施行于本行政区域的规范性文件。

5. 行政规章

行政规章是指国家机关依照行政职权所制定、发布的针对某一类事件、行为或者某一类人员的行政管理的规范性文件。

行政规章分为部门规章和地方政府规章两种。

部门规章是指国务院的部、委员会和直属机构依照法律、行政法规或者国务院授权制定的在全国范围内实施行政管理的规范性文件。

地方政府规章是指有地方性法规制定权的地方人民政府依照法律、行政法规、地方性法规或者本级人民代表大会或其常务委员会授权制定的在本行政区域实施行政管理的规范性文件。

(三) 法的效力

法的效力，即法的生效范围，是指法对什么人、在什么地方、什么时间发生效力。

1. 对人的效力

法律对什么人产生效力，因各国立法原则不同而出现不同，大体有三种情况：

（1）属人原则

以国籍为主，法律只对本国人适用，不适用于外国人。

（2）属地原则

以地域为主，法律对该国主权控制下的陆地、水域及其底土和上空有绝对效力。不论本国人、外国人，均适用。

（3）属地原则与属人原则相结合

即凡居住在一国领土内者，无论本国人，还是外国人，原则上一律适用该国法律；但在某些问题上，对外国人仍要适用其本国法律，特别是依照国际惯例和条约，享有外交特权和豁免权的外国人，仍适用其本国法律。

我国社会主义法的效力，采用第三种情况即属人原则与属地原则相结合的原则。

2. 关于地域的效力

法的地域效力，包括三个方面的内容：

（1）在全国范围内生效。如全国人大及其常委会制定的规范性法律，除有特殊规定之外，一般都在全国范围内有效。

（2）在局部地区有效。一般是指地方国家机关制定的规范性法律文件。

（3）不但在国内有效，而且在一定条件下可以超出国境。《中华人民共和国刑法》第八条规定：外国人在中华人民共和国领域外对中华人民共和国国家或者公民犯罪，而按本法规定的最低刑为三年以上有期徒刑的，可以适用本法，但是按照犯罪地的法律不受处罚的除外。

3. 关于时间的效力

这是指法律何时生效、何时终止。主要有两种情况：

(1) 自法律公布之日起生效。

(2) 法律另行规定生效时间。如《突发事件应对法》于2007年8月30日公布，自2007年11月1日生效施行。

4. 关于层级的效力

法的层级不同，其法律地位和效力也不同。

上位法是指法律地位、法律效力高于其他相关法的法律。

下位法则是相对于上位法而言，法律地位、法律效力低于相关上位法的法律。

上位法的效力要高于下位法的效力；在同一层级上，特殊法优于普通法。

如《宪法》与《突发事件应对法》,《宪法》就是上位法,《突发事件应对法》是下位法,《宪法》的效力就要高于《突发事件应对法》。

《宪法》具有最高的法律效力，一切法律、行政法规、地方性法规、自治条例和单行条例、行政规章都不得同《宪法》相抵触。

法律的效力高于行政法规、地方性法规、行政规章。全国人民代表大会常务委员会的法律解释同法律具有同等效力。

行政法规的效力高于地方性法规、行政规章。

地方性法规的效力高于本级和下级地方政府规章。

省、自治区的人民政府制定的规章的效力高于本行政区域内的较大的市的人民政府制定的规章。

自治条例和单行条例依法对法律、行政法规、地方性法规作变通规定的，在本自治地方适用自治条例和单行条例的规定。

经济特区法规根据授权对法律、行政法规、地方性法规作变通规定的，在本经济特区适用经济特区法规的规定。

部门规章之间、部门规章与地方政府规章之间具有同等效力，在各自的权限范围内施行。

同一机关制定的法律、行政法规、地方性法规、自治条例和单行条例、规章，特别规定与一般规定不一致的，适用特别规定；新的规定与旧的规定不一致的，适用新的规定。

普通法是指适用于某领域中普遍存在的基本问题、共性问题的法律规范。如《安全生产法》就是安全领域中的普通法。

特殊法是相对于普通法而言，适用于该领域中存在的特殊性、专业性问题的法律规范，它们比普通法更具专业性、具体性、可操作性。如《消防法》就是安全生产领域中的特殊法，如遇到消防问题时，《消防法》效力就高于《安全生产法》。

法的效力层级关系如图 1-1 所示。

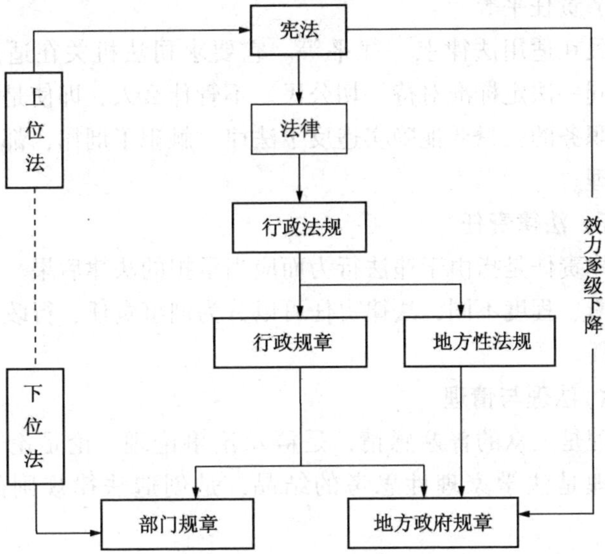

图 1-1　法的效力层级关系

(四) 法的适用原则

社会主义法的适用原则主要有 3 个:

1. 法律适用机关依法独立行使职权

国家行政机关和人民法院、人民检察院等司法机关必须依照法律规定行使职权，依法行使职权不受其他国家机关、社会团体和个人的干涉。

2. 以事实为依据，以法律为准绳

适用法律时，必须尊重客观事实，实事求是，并严格依照法律规定办事，不能徇私枉法。

3. 法律面前人人平等

(1) 权利和义务平等

公民，不分性别、民族、种族、职业等，一律平等地享有法律规定的权利、平等地承担法律规定的义务，坚决反对特权。

(2) 责任平等

公民在适用法律上一律平等。它要求司法机关在适用法律时，以同一法定标准对待一切公民。不管什么人，即使是担任高级领导职务的，只要他确实违反了法律、触犯了刑律，都应依法严肃处理。

(五) 法律责任

法律责任是指由于违法行为而应当承担的法律后果。按照违法的性质、程度不同，法律责任可以分为刑事责任、行政责任和民事责任。

(六) 法理与情理

情理是大众的普遍感情，是群众论事论理、论是论非的标准；法理是法学家理性思考的结晶，是创造法律规则的逻辑基础。

情理是法理的基础，法理是情理的升华。说到底，法理还是基于情理而产生，情理通过法理而升华。法理离不开情理。情理和法理，既相对立，又相统一；既有所区别，又相依相伴，紧密相随。

因此，在研究制定法律、法规时，必须充分考虑人情和社会情况，努力让其成为代表最广大人民利益的“活”的思想和“死”的规则，只有这样，法才能更符合实际。

三、立法、守法与执法

（一）立法——有法可依

立法是应急法治建设的基础工作，也是执法和守法的前提条件。有法可依，要求应急工作的各个方面都要有法律规范，做到凡事有章可循。

这里的“立法”是广义的，包含两个层面：

一是指国家制定的安全生产法律、行政法规、地方性法规和行政规章。

二是指专业应急机构、应急队伍、生产企业等依据国家的相关法律、行政法规、地方性法规和行政规章制定相应的应急规章制度。这些带有广义性的“法”，对安全生产发挥着最为有效、最为关键的保障作用。

（二）守法——有法必依

要真正发挥应急法律保障应急工作规范进行、应急目标圆满实现的功能，必须做到有法必依，依法办事，公平办事，高效办事。

1. 政府依法行政

对于政府应急机构来说，有法必依就是要依法行政，具体要求如下：

（1）合法行政。行政机关的行政管理行为，应当依照法律、法规、规章的规定进行。

（2）合理行政。行政机关的行政管理行为，应当遵守公平、公开的原则，不能对管理对象有偏私、歧视等不公平现象。

（3）程序正当。行政机关实施行政管理，对涉及国家秘密和依法受到保护的商业秘密、个人隐私的以外，应当公开，注意听取公民、法人和其他组织的意见。要严格遵循法定程序，依法保障行政管理对象的知情权、参与权和救济权。

（4）高效便民。行政机关实施行政管理，应当遵守法定时限，积极履行职责，提高办事效率。

（5）诚实守信。行政机关公布的信息应当全面、准确、真实，对管理对象因行政管理不当受到损失的，应及时予以补偿。

（6）权责统一。行政机关既要依法使用相应的执法手段，又要承担违法或行使职权不当所应承担的法律责任。

2. 非政府应急机构、人员依法办事

对于非政府的专业应急队伍、生产企业，“有法必依”就是要依法办事，具体主要做到以下几点：

（1）加强法治思想教育。思想是行动的先导，有什么样的思想，就会有什么样的行动。必须通过应急救援法治思想教育，使相关人员树立良好的应急救援法治意识。

（2）加强法制内容教育。只有懂法，才会守法。不懂法，谈何守法？要依法办事，就必须加强应急法制内容教育。法律条款内容严谨、丰富，但往往枯燥、单调，一般人起初并不容易全面理解，准确把握。要让大家守法，必须对大家讲清法律条款所要约束的内容。法制内容教育，可以通过出版法律单行本、相关的法律条款解释专著、举办培训班、在各种媒体开设专栏等方式灵活进行。

（3）领导以身作则，员工自觉遵守。火车跑得快，全靠车头带。遵纪守法，首先要从领导做起。领导以身作则，成为执行政策的模范和遵纪守法的先锋，就会影响、带动、教育身边的人，自觉遵章守纪。作为员工，也不能只看领导，更要从爱自己、爱他人、爱企业、爱社会的高度，识大体，顾大局，依法遵章守纪。

（三）执法——执法必严，违法必究

“执法必严，违法必究”是对执法机关和执法人员提出的基本要求，它要求执法机关和执法人员要严格执法，正确行使人民赋予的执法权力，尽职尽责地坚决打击和制裁一切违法犯罪行为。因此，“执法必严，违法必究”是应急救援法治建设不可或缺的一环。

“执法必严，违法必究”，包括政府与企业两个层面。作为政府及其公务人员，一方面对应急违法行为，要严格依法纠正、打击，一方面要主动接受社会监督，发现问题，及时改正；最后，要采用多种方式，在全社会进行应急理念的宣传、应急文化的建设，在全社会营造良好的关注应急工作、依法开展应急工作的良好氛围。在全社会营造良好的应急工作氛围，是政府的义务和责任。对于企业来说，“执法必严，违法必究”，就是明察秋毫，发现问题，及时纠正，严肃处理。

第二章 应急救援法律

一、中华人民共和国刑法

（1997年3月14日公布，自1997年10月1日起施行，中华人民共和国主席令第八十三号）

第七十八条 被判处管制、拘役、有期徒刑、无期徒刑的犯罪分子，在执行期间，如果认真遵守监规，接受教育改造，确有悔改表现的，或者有立功表现的，可以减刑；有下列重大立功表现之一的，应当减刑：

（五）在抗御自然灾害或者排除重大事故中，有突出表现的。

要义理解

救人一命，胜造七级浮屠。

褒扬一人，胜过万遍呼吁。

第二百六十三条 以暴力、胁迫或者其他方法抢劫公私财物的，处三年以上十年以下有期徒刑，并处罚金；有下列情形之一的，处十年以上有期徒刑、无期徒刑或者死刑，并处罚金或者没收财产：

（八）抢劫军用物资或者抢险、救灾、救济物资的。

第二百七十三条 挪用用于救灾、抢险、防汛、优抚、扶贫、移民、救济款物，情节严重，致使国家和人民群众利益遭受重大损害的，对直接责任人员，处三年以下有期徒刑或者拘役；情节特别严重的，处三年以上七年以下有期徒刑。

要义理解

应急物资抢不得、偷不得、拿不得，挪用一下也了不得。

第三百八十四条 国家工作人员利用职务上的便利，挪用公款归个人使用，进行非法活动的，或者挪用公款数额较大、进行营利活动的，或者挪用公款数额较大、超过三个月未还的，是挪用公款罪，处五年以下有期徒刑或者拘役；情节严重的，处五年以上有期徒刑。挪用公款数额巨大不退还的，处十年以上有期徒刑或者无期徒刑。

挪用用于救灾、抢险、防汛、优抚、扶贫、移民、救济款物归个人使用的，从重处罚。

要义理解

谁把应急物资挪走，法就“挪”谁的自由！

二、中华人民共和国刑法修正案（六）

（2006年6月29日公布施行，中华人民共和国主席令第五十一号）

将《刑法》第一百三十四条修改为：“在生产、作业中违反有关安全管理的规定，因而发生重大伤亡事故或者造成其他严重后果的，处三年以下有期徒刑或者拘役；情节特别恶劣的，处三年以上七年以下有期徒刑。”

“强令他人违章冒险作业，因而发生重大伤亡事故或者造成其他严重后果的，处五年以下有期徒刑或者拘役；情节特别恶劣的，处五年以上有期徒刑。”

要义理解

违章操作是自杀,
违章指挥乃杀人。
他人你若无情待,
休怪重刑加汝身。

将《刑法》第一百三十五条修改为:“安全生产设施或者安全生产条件不符合国家规定,因而发生重大伤亡事故或者造成其他严重后果的,对直接负责的主管人员和其他直接责任人员,处三年以下有期徒刑或者拘役;情节特别恶劣的,处三年以上七年以下有期徒刑。”

要义理解

工欲善其事,
必先利其器。

在《刑法》第一百三十五条后增加一条,作为第一百三十五条之一:“举办大型群众性活动违反安全管理规定,因而发生重大伤亡事故或者造成其他严重后果的,对直接负责的主管人员和其他直接责任人员,处三年以下有期徒刑或者拘役;情节特别恶劣的,处三年以上七年以下有期徒刑。”

要义理解

人多易乱风险大,
群死群伤最可怕。
纵情欢乐须节制,
乐极生悲苦无涯。

在《刑法》第一百三十九条后增加一条,作为第一百三十九条之一："在安全事故发生后，负有报告职责的人员不报或者谎报事故情况，贻误事故抢救，情节严重的，处三年以下有期徒刑或者拘役；情节特别严重的，处三年以上七年以下有期徒刑。"

要义理解

时间生命之氧气，
失氧生命戛然止。
人生自古路单程，
倾力急救行大义。

三、最高人民法院 最高人民检察院关于办理危害生产安全刑事案件适用法律若干问题的解释

（2015 年 11 月 9 日通过）

为依法惩治危害生产安全犯罪，根据《刑法》有关规定，现就办理此类刑事案件适用法律的若干问题解释如下：

第一条 刑法第一百三十四条第一款规定的犯罪主体，包括对生产、作业负有组织、指挥或者管理职责的负责人、管理人员、实际控制人、投资人等人员，以及直接从事生产、作业的人员。

第二条 刑法第一百三十四条第二款规定的犯罪主体，包括对生产、作业负有组织、指挥或者管理职责的负责人、管理人员、实际控制人、投资人等人员。

第三条 刑法第一百三十五条规定的"直接负责的主管人员和其他直接责任人员"，是指对安全生产设施或者安全生产条件不符合国家规定负有直接责任的生产经营单位负责人、管理人员、实际控制人、投资人，以及其他对安全生产设施或者安全生产条件负有管理、维护职责的人员。

第四条 刑法第一百三十九条之一规定的“负有报告职责的人员”，是指负有组织、指挥或者管理职责的负责人、管理人员、实际控制人、投资人，以及其他负有报告职责的人员。

第五条 明知存在事故隐患、继续作业存在危险，仍然违反有关安全管理的规定，实施下列行为之一的，应当认定为刑法第一百三十四条第二款规定的“强令他人违章冒险作业”：

（一）利用组织、指挥、管理职权，强制他人违章作业的；

（二）采取威逼、胁迫、恐吓等手段，强制他人违章作业的；

（三）故意掩盖事故隐患，组织他人违章作业的；

（四）其他强令他人违章作业的行为。

要义理解

救援虽然非生产，
操作同样多危险。
防护缺失强施救，
较起违章无两般。

第六条 实施刑法第一百三十二条、第一百三十四条第一款、第一百三十五条、第一百三十五条之一、第一百三十六条、第一百三十九条规定的行为，因而发生安全事故，具有下列情形之一的，应当认定为“造成严重后果”或者“发生重大伤亡事故或者造成其他严重后果”，对相关责任人员，处三年以下有期徒刑或者拘役：

（一）造成死亡一人以上，或者重伤三人以上的；

（二）造成直接经济损失一百万元以上的；

（三）其他造成严重后果或者重大安全事故的情形。

实施刑法第一百三十四条第二款规定的行为，因而发生安全事故，具有本条第一款规定情形的，应当认定为“发生重大伤亡事故或者造成其他严重后果”，对相关责任人员，处五年以下有期徒刑或者拘役。

实施刑法第一百三十七条规定的行为，因而发生安全事故，具有本条第一款规定情形的，应当认定为“造成重大安全事故”，对直接责任人员，处五年以下有期徒刑或者拘役，并处罚金。

实施刑法第一百三十八条规定的行为，因而发生安全事故，具有本条第一款第一项规定情形的，应当认定为“发生重大伤亡事故”，对直接责任人员，处三年以下有期徒刑或者拘役。

第七条 实施刑法第一百三十二条、第一百三十四条第一款、第一百三十五条、第一百三十五条之一、第一百三十六条、第一百三十九条规定的行为，因而发生安全事故，具有下列情形之一的，对相关责任人员，处三年以上七年以下有期徒刑：

（一）造成死亡三人以上或者重伤十人以上，负事故主要责任的；

（二）造成直接经济损失五百万元以上，负事故主要责任的；

（三）其他造成特别严重后果、情节特别恶劣或者后果特别严重的情形。

实施刑法第一百三十四条第二款规定的行为，因而发生安全事故，具有本条第一款规定情形的，对相关责任人员，处五年以上有期徒刑。

实施刑法第一百三十七条规定的行为，因而发生安全事故，具有本条第一款规定情形的，对直接责任人员，处五年以上十年以下有期徒刑，并处罚金。

实施刑法第一百三十八条规定的行为，因而发生安全事故，具有下列情形之一的，对直接责任人员，处三年以上七年以下有期徒刑：

（一）造成死亡三人以上或者重伤十人以上，负事故主要责任的；

(二)具有本解释第六条第一款第一项规定情形，同时造成直接经济损失五百万元以上并负事故主要责任的，或者同时造成恶劣社会影响的。

第八条 在安全事故发生后，负有报告职责的人员不报或者谎报事故情况，贻误事故抢救，具有下列情形之一的，应当认定为刑法第一百三十九条之一规定的“情节严重”：

(一)导致事故后果扩大，增加死亡一人以上，或者增加重伤三人以上，或者增加直接经济损失一百万元以上的；

(二)实施下列行为之一，致使不能及时有效开展事故抢救的：

1. 决定不报、迟报、谎报事故情况或者指使、串通有关人员不报、迟报、谎报事故情况的；

2. 在事故抢救期间擅离职守或者逃匿的；

3. 伪造、破坏事故现场，或者转移、藏匿、毁灭遇难人员尸体，或者转移、藏匿受伤人员的；

4. 毁灭、伪造、隐匿与事故有关的图纸、记录、计算机数据等资料以及其他证据的；

(三)其他情节严重的情形。

具有下列情形之一的，应当认定为刑法第一百三十九条之一规定的“情节特别严重”：

1. 导致事故后果扩大，增加死亡三人以上，或者增加重伤十人以上，或者增加直接经济损失五百万元以上的；

2. 采用暴力、胁迫、命令等方式阻止他人报告事故情况，导致事故后果扩大的；

3. 其他情节特别严重的情形。

第九条 在安全事故发生后，与负有报告职责的人员串通，不报或者谎报事故情况，贻误事故抢救，情节严重的，依照刑法第一百三十九条之一的规定，以共犯论处。

第十条 在安全事故发生后，直接负责的主管人员和其他直接责任人员故意阻挠开展抢救，导致人员死亡或者重伤，或者为了逃避法律追究，对被害人进行隐藏、遗弃，致使被害人因无法得到救助而死亡或者重度残疾的，分别依照刑法第二百三十二条、第二百三十四条的规定，以故意杀人罪或者故意伤害罪定罪处罚。

要义理解

事故贻误救，
人民很受伤。
国家生了气，
后果难担当！

四、中华人民共和国突发事件应对法

（2007 年 8 月 30 日第十届全国人民代表大会常务委员会第二十九次会议通过　2024 年 6 月 28 日第十四届全国人民代表大会常务委员会第十次会议修订）

第一条　为了预防和减少突发事件的发生，控制、减轻和消除突发事件引起的严重社会危害，提高突发事件预防和应对能力，规范突发事件应对活动，保护人民生命财产安全，维护国家安全、公共安全、生态环境安全和社会秩序，根据宪法，制定本法。

要义理解

突发事件应对法，
预防减少两手抓。
人民利益是中心，
安全稳定护国家。

第二条 本法所称突发事件，是指突然发生，造成或者可能造成严重社会危害，需要采取应急处置措施予以应对的自然灾害、事故灾难、公共卫生事件和社会安全事件。

突发事件的预防与应急准备、监测与预警、应急处置与救援、事后恢复与重建等应对活动，适用本法。

《中华人民共和国传染病防治法》等有关法律对突发公共卫生事件应对作出规定的，适用其规定。有关法律没有规定的，适用本法。

第四条 突发事件应对工作坚持中国共产党的领导，坚持以马克思列宁主义、毛泽东思想、邓小平理论、“三个代表”重要思想、科学发展观、习近平新时代中国特色社会主义思想为指导，建立健全集中统一、高效权威的中国特色突发事件应对工作领导体制，完善党委领导、政府负责、部门联动、军地联合、社会协同、公众参与、科技支撑、法治保障的治理体系。

要义理解

应对工作党领导，
权威高效第一条。
理论武装先到位，
治理体系再筑牢。

第五条 突发事件应对工作应当坚持总体国家安全观，统筹发展与安全；坚持人民至上、生命至上；坚持依法科学应对，尊重和保障人权；坚持预防为主、预防与应急相结合。

要义理解

上医治未病，妙！
重点抓预防，高！

第六条 国家建立有效的社会动员机制，组织动员企业事业单位、社会组织、志愿者等各方力量依法有序参与突发事件应对工作，增强全民的公共安全和防范风险的意识，提高全社会的避险救助能力。

第二十三条 公民、法人和其他组织有义务参与突发事件应对工作。

要义理解

增强风险意识，提高应急能力。
构建和谐社会，全员共同参与。

第七条 国家建立健全突发事件信息发布制度。有关人民政府和部门应当及时向社会公布突发事件相关信息和有关突发事件应对的决定、命令、措施等信息。

任何单位和个人不得编造、故意传播有关突发事件的虚假信息。有关人民政府和部门发现影响或者可能影响社会稳定、扰乱社会和经济管理秩序的虚假或者不完整信息的，应当及时发布准确的信息予以澄清。

要义理解

见难相救合情有品，造谣添乱违法失德。
信息虚假扰乱社会，迅速澄清不容有误。

第十二条 县级以上人民政府及其部门为应对突发事件的紧急需要，可以征用单位和个人的设备、设施、场地、交通工具等财产。被征用的财产在使用完毕或者突发事件应急处置工作结束后，应当及时返还。财产被征用或者征用后毁损、灭失的，应当给予公平、合理的补偿。

要义理解

好借好还，
再借不难。
损不损毁，
补偿点钱。

第二十八条 应急预案应当根据本法和其他有关法律、法规的规定，针对突发事件的性质、特点和可能造成的社会危害，具体规定突发事件应对管理工作的组织指挥体系与职责和突发事件的预防与预警机制、处置程序、应急保障措施以及事后恢复与重建措施等内容。

应急预案制定机关应当广泛听取有关部门、单位、专家和社会各方面意见，增强应急预案的针对性和可操作性，并根据实际需要、情势变化、应急演练中发现的问题等及时对应急预案作出修订。

应急预案的制定、修订、备案等工作程序和管理办法由国务院规定。

要义理解

预案质量高，
救援便主动。
好看不好用，
打赢是做梦。

第三十五条 所有单位应当建立健全安全管理制度，定期开展危险源辨识评估，制定安全防范措施；定期检查本单位各项安全防范措施的落实情况，及时消除事故隐患；掌握并及时处理本单位存在的可能引发社会安全事件的问题，防止矛盾激化和事态扩大；对本单位可能发生的突发事件和采取安全防范措施的情况，应当按照规定及时向所在地人民政府或者有关部门报告。

第三十六条 矿山、金属冶炼、建筑施工单位和易燃易爆物品、危险化学品、放射性物品等危险物品的生产、经营、运输、储存、使用单位，应当制定具体应急预案，配备必要的应急救援器材、设备和物资，并对生产经营场所、有危险物品的建筑物、构筑物及周边环境开展隐患排查，及时采取措施管控风险和消除隐患，防止发生突发事件。

要义理解

查治隐患是手段，
预防事故是目的。

第三十九条 国家综合性消防救援队伍是应急救援的综合性常备骨干力量，按照国家有关规定执行综合应急救援任务。县级以上人民政府有关部门可以根据实际需要设立专业应急救援队伍。

县级以上人民政府及其有关部门可以建立由成年志愿者组成的应急救援队伍。乡级人民政府、街道办事处和有条件的居民委员会、村民委员会可以建立基层应急救援队伍，及时、就近开展应急救援。单位应当建立由本单位职工组成的专职或者兼职应急救援队伍。

国家鼓励和支持社会力量建立提供社会化应急救援服务的应急救援队伍。社会力量建立的应急救援队伍参与突发事件应对工作应当服从履行统一领导职责或者组织处置突发事件的人民政府、突发事件应急指挥机构的统一指挥。

县级以上人民政府应当推动专业应急救援队伍与非专业应急救援队伍联合培训、联合演练，提高合成应急、协同应急的能力。

要义理解

众人拾柴火焰高，
一人难把千斤挑。
力量合成协同救，
事半功倍灾祸消。

第四十条 地方各级人民政府、县级以上人民政府有关部门、有关单位应当为其组建的应急救援队伍购买人身意外伤害保险，配备必要的防护装备和器材，防范和减少应急救援人员的人身伤害风险。

专业应急救援人员应当具备相应的身体条件、专业技能和心理素质，取得国家规定的应急救援职业资格，具体办法由国务院应急管理部门会同国务院有关部门制定。

要义理解

事故无情人有情，
有情最重保生命。
个体防护装备齐，
还要技能素质硬。

第六十一条 地方各级人民政府应当按照国家有关规定向上级人民政府报送突发事件信息。县级以上人民政府有关主管部门应当向本级人民政府相关部门通报突发事件信息，并报告上级人民政府主管部门。专业机构、监测网点和信息报告员应当及时向所在地人民政府及其有关主管部门报告突发事件信息。

有关单位和人员报送、报告突发事件信息，应当做到及时、客观、真实，不得迟报、谎报、瞒报、漏报，不得授意他人迟报、谎报、瞒报，不得阻碍他人报告。

要义理解

信息及时报，
救援第一要。

第六十三条 国家建立健全突发事件预警制度。

可以预警的自然灾害、事故灾难和公共卫生事件的预警级别，按照突发事件发生的紧急程度、发展势态和可能造成的危害程度分为一级、二级、三级和四级，分别用红色、橙色、黄色和蓝色标示，一级为最高级别。

预警级别的划分标准由国务院或者国务院确定的部门制定。

要义理解

见微当知著，
未雨便绸缪。
响应早一秒，
胜算多一筹。

第七十八条 受到自然灾害危害或者发生事故灾难、公共卫生事件的单位，应当立即组织本单位应急救援队伍和工作人员营救受害人员，疏散、撤离、安置受到威胁的人员，控制危险源，标明危险区域，封锁危险场所，并采取其他防止危害扩大的必要措施，同时向所在地县级人民政府报告；对因本单位的问题引发的或者主体是本单位人员的社会安全事件，有关单位应当按照规定上报情况，并迅速派出负责人赶赴现场开展劝解、疏导工作。

突发事件发生地的其他单位应当服从人民政府发布的决定、命令，配合人民政府采取的应急处置措施，做好本单位的应急救援工作，并积极组织人员参加所在地的应急救援和处置工作。

要义理解

应对灾难，刻不容缓。
政府号召，全民支援。

第八十九条 国务院根据受突发事件影响地区遭受损失的情况，制定扶持该地区有关行业发展的优惠政策。

受突发事件影响地区的人民政府应当根据本地区遭受的损失和采取应急处置措施的情况，制定救助、补偿、抚慰、抚恤、安置等善后工作计划并组织实施，妥善解决因处置突发事件引发的矛盾纠纷。

第九十条 公民参加应急救援工作或者协助维护社会秩序期间，其所在单位应当保证其工资待遇和福利不变，并可以按照规定给予相应补助。

第九十一条 县级以上人民政府对在应急救援工作中伤亡的人员依法落实工伤待遇、抚恤或者其他保障政策，并组织做好应急救援工作中致病人员的医疗救治工作。

要义理解

救灾贡献大，及时表功劳。
荣誉是肯定，不在钱多少。
打造号召力，褒扬是高招。
久久成文化，群众基础牢。

第九十六条 有关单位有下列情形之一，由所在地履行统一领导职责的人民政府有关部门责令停产停业，暂扣或者吊销许可证件，并处五万元以上二十万元以下的罚款；情节特别严重的，并处二十万元以上一百万元以下的罚款：

（一）未按照规定采取预防措施，导致发生较大以上突发事件的；

（二）未及时消除已发现的可能引发突发事件的隐患，导致发生较大以上突发事件的；

（三）未做好应急物资储备和应急设备、设施日常维护、检测工作，导致发生较大以上突发事件或者突发事件危害扩大的；

（四）突发事件发生后，不及时组织开展应急救援工作，造成严重后果的。

其他法律对前款行为规定了处罚的，依照较重的规定处罚。

要义理解

隐患失察危险大，
有患不除最可怕。
应急装备须完好，
及时救援争分秒。
无论哪条没做到，
难逃停业丢钞票。

五、中华人民共和国消防法

（1998年4月29日第九届全国人民代表大会常务委员会第二次会议通过　2008年10月28日第十一届全国人民代表大会常务委员会第五次会议修订　根据2019年4月23日第十三届全国人民代表大会常务委员会第十次会议《关于修改〈中华人民共和国建筑法〉等八部法律的决定》第一次修正　根据2021年4月29日第十三届全国人民代表大会常务委员会第二十八次会议《关于修改〈中华人民共和国道路交通安全法〉等八部法律的决定》第二次修正）

第五条　任何单位和个人都有维护消防安全、保护消防设施、预防火灾、报告火警的义务。任何单位和成年人都有参加有组织的灭火工作的义务。

要义理解

报告火警是义务，
参加灭火更如此。

第十六条 机关、团体、企业、事业等单位应当履行下列消防安全职责：

(一) 落实消防安全责任制，制定本单位的消防安全制度、消防安全操作规程，制定灭火和应急疏散预案；

(二) 按照国家标准、行业标准配置消防设施、器材，设置消防安全标志，并定期组织检验、维修，确保完好有效；

(三) 对建筑消防设施每年至少进行一次全面检测，确保完好有效，检测记录应当完整准确，存档备查；

(四) 保障疏散通道、安全出口、消防车通道畅通，保证防火防烟分区、防火间距符合消防技术标准；

(五) 组织防火检查，及时消除火灾隐患；

(六) 组织进行有针对性的消防演练；

(七) 法律、法规规定的其他消防安全职责。

单位的主要负责人是本单位的消防安全责任人。

要义理解

火灾爆炸中毒，石化行业危险重重，
落实消防责任，抢险救灾重中之重。

第十九条 生产、储存、经营易燃易爆危险品的场所不得与居住场所设置在同一建筑物内，并应当与居住场所保持安全距离。

生产、储存、经营其他物品的场所与居住场所设置在同一建筑物内的，应当符合国家工程建设消防技术标准。

要义理解

人货不能混装，
混装人易伤亡。
若是分装无法，
务提标准设防。

第二十一条 禁止在具有火灾、爆炸危险的场所吸烟、使用明火。因施工等特殊情况需要使用明火作业的，应当按照规定事先办理审批手续，采取相应的消防安全措施；作业人员应当遵守消防安全规定。

进行电焊、气焊等具有火灾危险作业的人员和自动消防系统的操作人员，必须持证上岗，并遵守消防安全操作规程。

要义理解

防火源头抓，
斩草须除根。

第二十六条 建筑构件、建筑材料和室内装修、装饰材料的防火性能必须符合国家标准；没有国家标准的，必须符合行业标准。

人员密集场所室内装修、装饰，应当按照消防技术标准的要求，使用不燃、难燃材料。

要义理解

不求安全唯好看，
引发火灾就完蛋。

第二十八条 任何单位、个人不得损坏、挪用或者擅自拆除、停用消防设施、器材，不得埋压、圈占、遮挡消火栓或者占用防火间距，不得占用、堵塞、封闭疏散通道、安全出口、消防车通道。人员密集场所的门窗不得设置影响逃生和灭火救援的障碍物。

第二十九条 负责公共消防设施维护管理的单位，应当保持消防供水、消防通信、消防车通道等公共消防设施的完好有效。在修建道路以及停电、停水、截断通信线路时有可能影响消防队灭火救援的，有关单位必须事先通知当地消防救援机构。

要义理解

> **装备好，道路畅；**
> **拉得出，用得上；**
> **救援方可显力量。**

第三十九条 下列单位应当建立单位专职消防队，承担本单位的火灾扑救工作：

（一）大型核设施单位、大型发电厂、民用机场、主要港口；

（二）生产、储存易燃易爆危险品的大型企业；

（三）储备可燃的重要物资的大型仓库、基地；

（四）第一项、第二项、第三项规定以外的火灾危险性较大、距离国家综合性消防救援队较远的其他大型企业；

（五）距离国家综合性消防救援队较远、被列为全国重点文物保护单位的古建筑群的管理单位。

要义理解

> **消防队伍建不建，**
> **必须对号入座看。**

第四十五条 消防救援机构统一组织和指挥火灾现场扑救，应当优先保障遇险人员的生命安全。

火灾现场总指挥根据扑救火灾的需要，有权决定下列事项：

（一）使用各种水源；

（二）截断电力、可燃气体和可燃液体的输送，限制用火用电；

（三）划定警戒区，实行局部交通管制；

（四）利用临近建筑物和有关设施；

（五）为了抢救人员和重要物资，防止火势蔓延，拆除或者破损毗邻火灾现场的建筑物、构筑物或者设施等；

（六）调动供水、供电、供气、通信、医疗救护、交通运输、环境保护等有关单位协助灭火救援。

根据扑救火灾的紧急需要，有关地方人民政府应当组织人员、调集所需物资支援灭火。

要义理解

抢险任务千千万，
救人脱险第一件。

第四十七条 消防车、消防艇前往执行火灾扑救或者应急救援任务，在确保安全的前提下，不受行驶速度、行驶路线、行驶方向和指挥信号的限制，其他车辆、船舶以及行人应当让行，不得穿插超越；收费公路、桥梁免收车辆通行费。交通管理指挥人员应当保证消防车、消防艇迅速通行。

赶赴火灾现场或者应急救援现场的消防人员和调集的消防装备、物资，需要铁路、水路或者航空运输的，有关单位应当优先运输。

要义理解

救援效果要好，
必须争分夺秒。
时间就是生命，
网开一面提效。

第四十九条 国家综合性消防救援队、专职消防队扑救火灾、应急救援，不得收取任何费用。

单位专职消防队、志愿消防队参加扑救外单位火灾所损耗的燃料、灭火剂和器材、装备等，由火灾发生地的人民政府给予补偿。

要义理解

单位外援救灾理应不遗余力，
救灾损耗政府也应足额补齐。

第六十条 单位违反本法规定，有下列行为之一的，责令改正，处五千元以上五万元以下罚款：

(一) 消防设施、器材或者消防安全标志的配置、设置不符合国家标准、行业标准，或者未保持完好有效的；

(二) 损坏、挪用或者擅自拆除、停用消防设施、器材的；

(三) 占用、堵塞、封闭疏散通道、安全出口或者有其他妨碍安全疏散行为的；

(四) 埋压、圈占、遮挡消火栓或者占用防火间距的；

(五) 占用、堵塞、封闭消防车通道，妨碍消防车通行的；

(六) 人员密集场所在门窗上设置影响逃生和灭火救援的障碍物的；

(七) 对火灾隐患经消防救援机构通知后不及时采取措施消除的。

个人有前款第二项、第三项、第四项、第五项行为之一的，处警告或者五百元以下罚款。

有本条第一款第三项、第四项、第五项、第六项行为，经责令改正拒不改正的，强制执行，所需费用由违法行为人承担。

第六十一条 生产、储存、经营易燃易爆危险品的场所与居住场所设置在同一建筑物内，或者未与居住场所保持安全距离的，责令停产停业，并处五千元以上五万元以下罚款。

生产、储存、经营其他物品的场所与居住场所设置在同一建筑物内，不符合消防技术标准的，依照前款规定处罚。

第六十二条 有下列行为之一的，依照《中华人民共和国治安管理处罚法》的规定处罚：

（一）违反有关消防技术标准和管理规定生产、储存、运输、销售、使用、销毁易燃易爆危险品的；

（二）非法携带易燃易爆危险品进入公共场所或者乘坐公共交通工具的；

（三）谎报火警的；

（四）阻碍消防车、消防艇执行任务的；

（五）阻碍消防救援机构的工作人员依法执行职务的。

第六十三条 违反本法规定，有下列行为之一的，处警告或者五百元以下罚款；情节严重的，处五日以下拘留：

（一）违反消防安全规定进入生产、储存易燃易爆危险品场所的；

（二）违反规定使用明火作业或者在具有火灾、爆炸危险的场所吸烟、使用明火的。

第六十四条 违反本法规定，有下列行为之一，尚不构成犯罪的，处十日以上十五日以下拘留，可以并处五百元以下罚款；情节较轻的，处警告或者五百元以下罚款：

（一）指使或者强令他人违反消防安全规定，冒险作业的；

（二）过失引起火灾的；

（三）在火灾发生后阻拦报警，或者负有报告职责的人员不及时报警的；

（四）扰乱火灾现场秩序，或者拒不执行火灾现场指挥员指挥，影响灭火救援的；

（五）故意破坏或者伪造火灾现场的；

（六）擅自拆封或者使用被消防救援机构查封的场所、部位的。

要义理解

谎报火警，有人不以为然只觉好玩；不穿专业防护服就进入生产、储存易燃易爆危险品场所；在危险场所公然吸烟、使用明火，对禁烟、禁火标志视而不见。诸如此类，无知而犯，明知故犯，轻者罚款，重者拘留，触犯法律，刑责追究。法律责任须牢记，在依法治国的今天，责任追究，只会从严，不会从软。

六、中华人民共和国安全生产法

（2002年6月29日第九届全国人民代表大会常务委员会第二十八次会议通过　根据2009年8月27日第十一届全国人民代表大会常务委员会第十次会议《关于修改部分法律的决定》第一次修正　根据2014年8月31日第十二届全国人民代表大会常务委员会第十次会议《关于修改〈中华人民共和国安全生产法〉的决定》第二次修正　根据2021年6月10日第十三届全国人民代表大会常务委员会第二十九次会议《关于修改〈中华人民共和国安全生产法〉的决定》第三次修正）

第五条　生产经营单位的主要负责人是本单位安全生产第一责任人，对本单位的安全生产工作全面负责。其他负责人对职责范围内的安全生产工作负责。

要义理解

安全生产、应急管理是一体，不可望文生义，把应急管理分开弃置。

第十九条　国家对在改善安全生产条件、防止生产安全事故、参加抢险救护等方面取得显著成绩的单位和个人，给予奖励。

要义理解

有过要罚，有功要奖；
功绩显著，理应褒扬。

第二十条 生产经营单位应当具备本法和有关法律、行政法规和国家标准或者行业标准规定的安全生产条件；不具备安全生产条件的，不得从事生产经营活动。

第二十一条 生产经营单位的主要负责人对本单位安全生产工作负有下列职责：

（一）建立健全并落实本单位全员安全生产责任制，加强安全生产标准化建设；

（二）组织制定并实施本单位安全生产规章制度和操作规程；

（三）组织制定并实施本单位安全生产教育和培训计划；

（四）保证本单位安全生产投入的有效实施；

（五）组织建立并落实安全风险分级管控和隐患排查治理双重预防工作机制，督促、检查本单位的安全生产工作，及时消除生产安全事故隐患；

（六）组织制定并实施本单位的生产安全事故应急救援预案；

（七）及时、如实报告生产安全事故。

要义理解

安全生产分两段，
防范在先后救援。

第二十四条 矿山、金属冶炼、建筑施工、运输单位和危险物品的生产、经营、储存、装卸单位，应当设置安全生产管理机构或者配备专职安全生产管理人员。

前款规定以外的其他生产经营单位，从业人员超过一百人的，应当设置安全生产管理机构或者配备专职安全生产管理人员；从业人员在一百人以下的，应当配备专职或者兼职的安全生产管理人员。

第二十五条 生产经营单位的安全生产管理机构以及安全生产管理人员履行下列职责：

（一）组织或者参与拟订本单位安全生产规章制度、操作规程和生产安全事故应急救援预案；

（二）组织或者参与本单位安全生产教育和培训，如实记录安全生产教育和培训情况；

（三）组织开展危险源辨识和评估，督促落实本单位重大危险源的安全管理措施；

（四）组织或者参与本单位应急救援演练；

（五）检查本单位的安全生产状况，及时排查生产安全事故隐患，提出改进安全生产管理的建议；

（六）制止和纠正违章指挥、强令冒险作业、违反操作规程的行为；

（七）督促落实本单位安全生产整改措施。

生产经营单位可以设置专职安全生产分管负责人，协助本单位主要负责人履行安全生产管理职责。

第二十六条 生产经营单位的安全生产管理机构以及安全生产管理人员应当恪尽职守，依法履行职责。

生产经营单位作出涉及安全生产的经营决策，应当听取安全生产管理机构以及安全生产管理人员的意见。

生产经营单位不得因安全生产管理人员依法履行职责而降低其工资、福利等待遇或者解除与其订立的劳动合同。

危险物品的生产、储存单位以及矿山、金属冶炼单位的安全生产管理人员的任免，应当告知主管的负有安全生产监督管理职责的部门。

第二十七条 生产经营单位的主要负责人和安全生产管理人员必须具备与本单位所从事的生产经营活动相应的安全生产知识和管理能力。

危险物品的生产、经营、储存、装卸单位以及矿山、金属冶炼、建筑施工、运输单位的主要负责人和安全生产管理人员，应当由主管的负有安全生产监督管理职责的部门对其安全生产知识和管理能力考核合格。考核不得收费。

危险物品的生产、储存、装卸单位以及矿山、金属冶炼单位应当有注册安全工程师从事安全生产管理工作。鼓励其他生产经营单位聘用注册安全工程师从事安全生产管理工作。注册安全工程师按专业分类管理，具体办法由国务院人力资源和社会保障部门、国务院应急管理部门会同国务院有关部门制定。

第二十八条 生产经营单位应当对从业人员进行安全生产教育和培训，保证从业人员具备必要的安全生产知识，熟悉有关的安全生产规章制度和安全操作规程，掌握本岗位的安全操作技能，了解事故应急处理措施，知悉自身在安全生产方面的权利和义务。未经安全生产教育和培训合格的从业人员，不得上岗作业。

生产经营单位使用被派遣劳动者的，应当将被派遣劳动者纳入本单位从业人员统一管理，对被派遣劳动者进行岗位安全操作规程和安全操作技能的教育和培训。劳务派遣单位应当对被派遣劳动者进行必要的安全生产教育和培训。

生产经营单位接收中等职业学校、高等学校学生实习的，应当对实习学生进行相应的安全生产教育和培训，提供必要的劳动防护用品。学校应当协助生产经营单位对实习学生进行安全生产教育和培训。

生产经营单位应当建立安全生产教育和培训档案，如实记录安全生产教育和培训的时间、内容、参加人员以及考核结果等情况。

第四十条 生产经营单位对重大危险源应当登记建档，进行定期检测、评估、监控，并制定应急预案，告知从业人员和相关人员在紧急情况下应当采取的应急措施。

生产经营单位应当按照国家有关规定将本单位重大危险源及有关安全措施、应急措施报有关地方人民政府应急管理部门和有关部门备案。有关地方人民政府应急管理部门和有关部门应当通过相关信息系统实现信息共享。

要义理解

重大危险源，
风险不一般。
应急设施全，
还要好预案。

第四十二条 生产、经营、储存、使用危险物品的车间、商店、仓库不得与员工宿舍在同一座建筑物内，并应当与员工宿舍保持安全距离。

生产经营场所和员工宿舍应当设有符合紧急疏散要求、标志明显、保持畅通的出口、疏散通道。禁止占用、锁闭、封堵生产经营场所或者员工宿舍的出口、疏散通道。

要义理解

逃生通道畅，
生命有保障。

第四十四条 生产经营单位应当教育和督促从业人员严格执行本单位的安全生产规章制度和安全操作规程；并向从业人员如实告知作业场所和工作岗位存在的危险因素、防范措施以及事故应急措施。

生产经营单位应当关注从业人员的身体、心理状况和行为习惯，加强对从业人员的心理疏导、精神慰藉，严格落实岗位安全生产责任，防范从业人员行为异常导致事故发生。

要义理解

知道危险会防范，
排险首靠员工办。
先期处置若得当，
大灾大难减一半。

第五十五条 从业人员发现直接危及人身安全的紧急情况时，有权停止作业或者在采取可能的应急措施后撤离作业场所。

生产经营单位不得因从业人员在前款紧急情况下停止作业或者采取紧急撤离措施而降低其工资、福利等待遇或者解除与其订立的劳动合同。

要义理解

紧急停产撤离，
断非贪生怕死。
险情势不可当，
生命安全第一。
如若危在旦夕，
紧急撤离必须。

第五十八条 从业人员应当接受安全生产教育和培训，掌握本职工作所需的安全生产知识，提高安全生产技能，增强事故预防和应急处理能力。

要义理解

冲锋靠勇气，
处置凭技术。
事故要下来，
能力先上去。

第五十九条 从业人员发现事故隐患或者其他不安全因素，应当立即向现场安全生产管理人员或者本单位负责人报告；接到报告的人员应当及时予以处理。

要义理解

未雨绸缪，防患未然。

第六十条 工会有权对建设项目的安全设施与主体工程同时设计、同时施工、同时投入生产和使用进行监督，提出意见。

工会对生产经营单位违反安全生产法律、法规，侵犯从业人员合法权益的行为，有权要求纠正；发现生产经营单位违章指挥、强令冒险作业或者发现事故隐患时，有权提出解决的建议，生产经营单位应当及时研究答复；发现危及从业人员生命安全的情况时，有权向生产经营单位建议组织从业人员撤离危险场所，生产经营单位必须立即作出处理。

工会有权依法参加事故调查，向有关部门提出处理意见，并要求追究有关人员的责任。

第八十一条 生产经营单位应当制定本单位生产安全事故应急救援预案，与所在地县级以上地方人民政府组织制定的生产安全事故应急救援预案相衔接，并定期组织演练。

要义理解

要想作战，先有方案。
无备而战，定然大乱。

第八十二条 危险物品的生产、经营、储存单位以及矿山、金属冶炼、城市轨道交通运营、建筑施工单位应当建立应急救援组织；生产经营规模较小的，可以不建立应急救援组织，但应当指定兼职的应急救援人员。

危险物品的生产、经营、储存、运输单位以及矿山、金属冶炼、城市轨道交通运营、建筑施工单位应当配备必要的应急救援器材、设备和物资，并进行经常性维护、保养，保证正常运转。

要义理解

要想打胜仗，没有兵不行。
有兵是基础，武器须过硬。

第八十三条 生产经营单位发生生产安全事故后，事故现场有关人员应当立即报告本单位负责人。

单位负责人接到事故报告后，应当迅速采取有效措施，组织抢救，防止事故扩大，减少人员伤亡和财产损失，并按照国家有关规定立即如实报告当地负有安全生产监督管理职责的部门，不得隐瞒不报、谎报或者迟报，不得故意破坏事故现场、毁灭有关证据。

要义理解

小灾慢救成大难，
争分夺秒很关键。

第八十五条 有关地方人民政府和负有安全生产监督管理职

责的部门的负责人接到生产安全事故报告后，应当按照生产安全事故应急救援预案的要求立即赶到事故现场，组织事故抢救。

参与事故抢救的部门和单位应当服从统一指挥，加强协同联动，采取有效的应急救援措施，并根据事故救援的需要采取警戒、疏散等措施，防止事故扩大和次生灾害的发生，减少人员伤亡和财产损失。

事故抢救过程中应当采取必要措施，避免或者减少对环境造成的危害。

任何单位和个人都应当支持、配合事故抢救，并提供一切便利条件。

要义理解

统一指挥协调行动，
配合默契仗能打胜。

第九十七条 生产经营单位有下列行为之一的，责令限期改正，处十万元以下的罚款；逾期未改正的，责令停产停业整顿，并处十万元以上二十万元以下的罚款，对其直接负责的主管人员和其他直接责任人员处二万元以上五万元以下的罚款：

（一）未按照规定设置安全生产管理机构或者配备安全生产管理人员、注册安全工程师的；

（二）危险物品的生产、经营、储存、装卸单位以及矿山、金属冶炼、建筑施工、运输单位的主要负责人和安全生产管理人员未按照规定经考核合格的；

（三）未按照规定对从业人员、被派遣劳动者、实习学生进行安全生产教育和培训，或者未按照规定如实告知有关的安全生产事项的；

（四）未如实记录安全生产教育和培训情况的；

（五）未将事故隐患排查治理情况如实记录或者未向从业人

员通报的；

（六）未按照规定制定生产安全事故应急救援预案或者未定期组织演练的；

（七）特种作业人员未按照规定经专门的安全作业培训并取得相应资格，上岗作业的。

要义理解

编制预案不可少，
定期演练技能高。

第一百零一条 生产经营单位有下列行为之一的，责令限期改正，处十万元以下的罚款；逾期未改正的，责令停产停业整顿，并处十万元以上二十万元以下的罚款，对其直接负责的主管人员和其他直接责任人员处二万元以上五万元以下的罚款；构成犯罪的，依照刑法有关规定追究刑事责任：

（一）生产、经营、运输、储存、使用危险物品或者处置废弃危险物品，未建立专门安全管理制度、未采取可靠的安全措施的；

（二）对重大危险源未登记建档，未进行定期检测、评估、监控，未制定应急预案，或者未告知应急措施的；

（三）进行爆破、吊装、动火、临时用电以及国务院应急管理部门会同国务院有关部门规定的其他危险作业，未安排专门人员进行现场安全管理的；

（四）未建立安全风险分级管控制度或者未按照安全风险分级采取相应管控措施的；

（五）未建立事故隐患排查治理制度，或者重大事故隐患排查治理情况未按照规定报告的。

第一百零五条 生产经营单位有下列行为之一的，责令限期改正，处五万元以下的罚款，对其直接负责的主管人员和其他直接责任人员处一万元以下的罚款；逾期未改正的，责令停产停业整顿；构成犯罪的，依照刑法有关规定追究刑事责任：

(一) 生产、经营、储存、使用危险物品的车间、商店、仓库与员工宿舍在同一座建筑内，或者与员工宿舍的距离不符合安全要求的；

(二) 生产经营场所和员工宿舍未设有符合紧急疏散需要、标志明显、保持畅通的出口、疏散通道，或者占用、锁闭、封堵生产经营场所或者员工宿舍出口、疏散通道的。

第一百一十条 生产经营单位的主要负责人在本单位发生生产安全事故时，不立即组织抢救或者在事故调查处理期间擅离职守或者逃匿的，给予降级、撤职的处分，并由应急管理部门处上一年年收入百分之六十至百分之一百的罚款；对逃匿的处十五日以下拘留；构成犯罪的，依照刑法有关规定追究刑事责任。

生产经营单位的主要负责人对生产安全事故隐瞒不报、谎报或者迟报的，依照前款规定处罚。

要义理解

救援若延误，
破财毁前途。

第三章 应急救援法规

一、危险化学品安全管理条例

（中华人民共和国国务院令第 591 号）

第三十条 申请危险化学品安全使用许可证的化工企业，除应当符合本条例第二十八条的规定外，还应当具备下列条件：

（一）有与所使用的危险化学品相适应的专业技术人员；

（二）有安全管理机构和专职安全管理人员；

（三）有符合国家规定的危险化学品事故应急预案和必要的应急救援器材、设备；

（四）依法进行了安全评价。

第三十四条 从事危险化学品经营的企业应当具备下列条件：

（一）有符合国家标准、行业标准的经营场所，储存危险化学品的，还应当有符合国家标准、行业标准的储存设施；

（二）从业人员经过专业技术培训并经考核合格；

（三）有健全的安全管理规章制度；

（四）有专职安全管理人员；

（五）有符合国家规定的危险化学品事故应急预案和必要的应急救援器材、设备；

（六）法律、法规规定的其他条件。

第四十五条 运输危险化学品，应当根据危险化学品的危险特性采取相应的安全防护措施，并配备必要的防护用品和应急救援器材。

用于运输危险化学品的槽罐以及其他容器应当封口严密，能够防止危险化学品在运输过程中因温度、湿度或者压力的变化发生渗漏、洒漏；槽罐以及其他容器的溢流和泄压装置应当设置准确、启闭灵活。

运输危险化学品的驾驶人员、船员、装卸管理人员、押运人员、申报人员、集装箱装箱现场检查员，应当了解所运输的危险化学品的危险特性及其包装物、容器的使用要求和出现危险情况时的应急处置方法。

第五十九条 用于危险化学品运输作业的内河码头、泊位应当符合国家有关安全规范，与饮用水取水口保持国家规定的距离。有关管理单位应当制定码头、泊位危险化学品事故应急预案，并为码头、泊位配备充足、有效的应急救援器材和设备。

用于危险化学品运输作业的内河码头、泊位，经交通运输主管部门按照国家有关规定验收合格后方可投入使用。

要义理解

危险化学品生产、经营、运输应急准备三要点：
专业人员、应急预案、救援装备。

第六十六条 国家实行危险化学品登记制度，为危险化学品安全管理以及危险化学品事故预防和应急救援提供技术、信息支持。

要义理解

一个电话，服务到家。
国家化学事故应急响应专线：0532-83889090

第六十七条 危险化学品生产企业、进口企业，应当向国务院安全生产监督管理部门负责危险化学品登记的机构(以下简称危险化学品登记机构)办理危险化学品登记。

危险化学品登记包括下列内容：

（一）分类和标签信息；

（二）物理、化学性质；

（三）主要用途；

（四）危险特性；

（五）储存、使用、运输的安全要求；

（六）出现危险情况的应急处置措施。

要义理解

危险登记要清晰，
应急措施莫忘记。

第七十条 危险化学品单位应当制定本单位危险化学品事故应急预案，配备应急救援人员和必要的应急救援器材、设备，并定期组织应急救援演练。

危险化学品单位应当将其危险化学品事故应急预案报所在地设区的市级人民政府安全生产监督管理部门备案。

要义理解

预案要熟练，
务必经常练。

第七十一条 发生危险化学品事故，事故单位主要负责人应当立即按照本单位危险化学品应急预案组织救援，并向当地安全生产监督管理部门和环境保护、公安、卫生主管部门报告；道路运输、水路运输过程中发生危险化学品事故的，驾驶人员、船员或者押运人员还应当向事故发生地交通运输主管部门报告。

第八十六条 有下列情形之一的，由交通运输主管部门责令改正，处5万元以上10万元以下的罚款；拒不改正的，责令停产停业整顿；构成犯罪的，依法追究刑事责任：

(二)运输危险化学品，未根据危险化学品的危险特性采取相应的安全防护措施，或者未配备必要的防护用品和应急救援器材的。

要义理解

器材用时方恨少，
缺失严罚不可饶。

二、生产安全事故报告和调查处理条例

(中华人民共和国国务院令第 493 号)

第三条 根据生产安全事故(以下简称事故)造成的人员伤亡或者直接经济损失，事故一般分为以下等级：

(一)特别重大事故，是指造成 30 人以上死亡，或者 100 人以上重伤(包括急性工业中毒，下同)，或者 1 亿元以上直接经济损失的事故；

(二)重大事故，是指造成 10 人以上 30 人以下死亡，或者 50 人以上 100 人以下重伤，或者 5000 万元以上 1 亿元以下直接经济损失的事故；

(三)较大事故，是指造成 3 人以上 10 人以下死亡，或者 10 人以上 50 人以下重伤，或者 1000 万元以上 5000 万元以下直接经济损失的事故；

(四)一般事故，是指造成 3 人以下死亡，或者 10 人以下重伤，或者 1000 万元以下直接经济损失的事故。

国务院安全生产监督管理部门可以会同国务院有关部门，制定事故等级划分的补充性规定。

本条第一款所称的“以上”包括本数，所称的“以下”不包括本数。

第四条 事故报告应当及时、准确、完整，任何单位和个人对事故不得迟报、漏报、谎报或者瞒报。

事故调查处理应当坚持实事求是、尊重科学的原则，及时、准确地查清事故经过、事故原因和事故损失，查明事故性质，认定事故责任，总结事故教训，提出整改措施，并对事故责任者依法追究责任。

第七条 任何单位和个人不得阻挠和干涉对事故的报告和依法调查处理。

第九条 事故发生后，事故现场有关人员应当立即向本单位负责人报告；单位负责人接到报告后，应当于1小时内向事故发生地县级以上人民政府安全生产监督管理部门和负有安全生产监督管理职责的有关部门报告。

情况紧急时，事故现场有关人员可以直接向事故发生地县级以上人民政府安全生产监督管理部门和负有安全生产监督管理职责的有关部门报告。

要义理解

一小时内上报不可超时，
情况紧急上报可以越级。

第十二条 报告事故应当包括下列内容：

（一）事故发生单位概况；

（二）事故发生的时间、地点以及事故现场情况；

（三）事故的简要经过；

（四）事故已经造成或者可能造成的伤亡人数（包括下落不明的人数）和初步估计的直接经济损失；

（五）已经采取的措施；

（六）其他应当报告的情况。

要义理解

事故报告信息准，
应急救援效率高。

第十三条 事故报告后出现新情况的，应当及时补报。

自事故发生之日起30日内，事故造成的伤亡人数发生变化的，应当及时补报。道路交通事故、火灾事故自发生之日起7日内，事故造成的伤亡人数发生变化的，应当及时补报。

要义理解

伤亡人数事关事故等级，
限时补报不可半点延误。

第十四条 事故发生单位负责人接到事故报告后，应当立即启动事故相应应急预案，或者采取有效措施，组织抢救，防止事故扩大，减少人员伤亡和财产损失。

要义理解

事故发生单位负责人是应急救援第一责任人。

第十六条 事故发生后，有关单位和人员应当妥善保护事故现场以及相关证据，任何单位和个人不得破坏事故现场、毁灭相关证据。

因抢救人员、防止事故扩大以及疏通交通等原因，需要移动事故现场物件的，应当做出标志，绘制现场简图并做出书面记录，妥善保存现场重要痕迹、物证。

要义理解

事故抢救要及时，
证据保全备查处。

第三十五条 事故发生单位主要负责人有下列行为之一的，处上一年年收入40%至80%的罚款；属于国家工作人员的，并依法给予处分；构成犯罪的，依法追究刑事责任：

（一）不立即组织事故抢救的；

（二）迟报或者漏报事故的；

（三）在事故调查处理期间擅离职守的。

第三十六条 事故发生单位及其有关人员有下列行为之一的，对事故发生单位处100万元以上500万元以下的罚款；对主要负责人、直接负责的主管人员和其他直接责任人员处上一年年收入60%至100%的罚款；属于国家工作人员的，并依法给予处分；构成违反治安管理行为的，由公安机关依法给予治安管理处罚；构成犯罪的，依法追究刑事责任：

（一）谎报或者瞒报事故的；

（二）伪造或者故意破坏事故现场的；

（三）转移、隐匿资金、财产，或者销毁有关证据、资料的；

（四）拒绝接受调查或者拒绝提供有关情况和资料的；

（五）在事故调查中作伪证或者指使他人作伪证的；

（六）事故发生后逃匿的。

要义理解

事故报告快且实，
施救不得半秒迟。
失职追责法理在，
万般苦果皆自取。

三、生产安全事故应急条例

(2018年12月5日国务院第33次常务会议通过　2019年2月17日中华人民共和国国务院令第708号公布　自2019年4月1日起施行)

第四条　生产经营单位应当加强生产安全事故应急工作，建立、健全生产安全事故应急工作责任制，其主要负责人对本单位的生产安全事故应急工作全面负责。

要义理解

应急救援，安全生产的最后一道防线，是安全生产不可或缺的重要一环。

第五条　县级以上人民政府及其负有安全生产监督管理职责的部门和乡、镇人民政府以及街道办事处等地方人民政府派出机关，应当针对可能发生的生产安全事故的特点和危害，进行风险辨识和评估，制定相应的生产安全事故应急救援预案，并依法向社会公布。

生产经营单位应当针对本单位可能发生的生产安全事故的特点和危害，进行风险辨识和评估，制定相应的生产安全事故应急救援预案，并向本单位从业人员公布。

第六条　生产安全事故应急救援预案应当符合有关法律、法规、规章和标准的规定，具有科学性、针对性和可操作性，明确规定应急组织体系、职责分工以及应急救援程序和措施。

有下列情形之一的，生产安全事故应急救援预案制定单位应当及时修订相关预案：

（一）制定预案所依据的法律、法规、规章、标准发生重大变化；

（二）应急指挥机构及其职责发生调整；

（三）安全生产面临的风险发生重大变化；

（四）重要应急资源发生重大变化；

（五）在预案演练或者应急救援中发现需要修订预案的重大问题；

（六）其他应当修订的情形。

第七条　县级以上人民政府负有安全生产监督管理职责的部门应当将其制定的生产安全事故应急救援预案报送本级人民政府备案；易燃易爆物品、危险化学品等危险物品的生产、经营、储存、运输单位，矿山、金属冶炼、城市轨道交通运营、建筑施工单位，以及宾馆、商场、娱乐场所、旅游景区等人员密集场所经营单位，应当将其制定的生产安全事故应急救援预案按照国家有关规定报送县级以上人民政府负有安全生产监督管理职责的部门备案，并依法向社会公布。

第八条　县级以上地方人民政府以及县级以上人民政府负有安全生产监督管理职责的部门，乡、镇人民政府以及街道办事处等地方人民政府派出机关，应当至少每 2 年组织 1 次生产安全事故应急救援预案演练。

易燃易爆物品、危险化学品等危险物品的生产、经营、储存、运输单位，矿山、金属冶炼、城市轨道交通运营、建筑施工单位，以及宾馆、商场、娱乐场所、旅游景区等人员密集场所经营单位，应当至少每半年组织 1 次生产安全事故应急救援预案演练，并将演练情况报送所在地县级以上地方人民政府负有安全生产监督管理职责的部门。

县级以上地方人民政府负有安全生产监督管理职责的部门应当对本行政区域内前款规定的重点生产经营单位的生产安全事故应急救援预案演练进行抽查；发现演练不符合要求的，应当责令限期改正。

要义理解

预案作用不一般，万般工作预案牵。
编制质量须保证，学好用好靠演练。

第九条 县级以上人民政府应当加强对生产安全事故应急救援队伍建设的统一规划、组织和指导。

县级以上人民政府负有安全生产监督管理职责的部门根据生产安全事故应急工作的实际需要，在重点行业、领域单独建立或者依托有条件的生产经营单位、社会组织共同建立应急救援队伍。

国家鼓励和支持生产经营单位和其他社会力量建立提供社会化应急救援服务的应急救援队伍。

第十条 易燃易爆物品、危险化学品等危险物品的生产、经营、储存、运输单位，矿山、金属冶炼、城市轨道交通运营、建筑施工单位，以及宾馆、商场、娱乐场所、旅游景区等人员密集场所经营单位，应当建立应急救援队伍；其中，小型企业或者微型企业等规模较小的生产经营单位，可以不建立应急救援队伍，但应当指定兼职的应急救援人员，并且可以与邻近的应急救援队伍签订应急救援协议。

工业园区、开发区等产业聚集区域内的生产经营单位，可以联合建立应急救援队伍。

要义理解

建设队伍化风险，能力到位是关键。
只要能力有保证，方式因地制宜选。
尤其产业聚集区，联合建设省资源。

第十一条 应急救援队伍的应急救援人员应当具备必要的专业知识、技能、身体素质和心理素质。

应急救援队伍建立单位或者兼职应急救援人员所在单位应当按照国家有关规定对应急救援人员进行培训；应急救援人员经培训合格后，方可参加应急救援工作。

应急救援队伍应当配备必要的应急救援装备和物资，并定期组织训练。

要义理解

队员要有战斗力，一靠技能二素质。
培训合格后上岗，训练不懈能力提。

第十三条 县级以上地方人民政府应当根据本行政区域内可能发生的生产安全事故的特点和危害，储备必要的应急救援装备和物资，并及时更新和补充。

易燃易爆物品、危险化学品等危险物品的生产、经营、储存、运输单位，矿山、金属冶炼、城市轨道交通运营、建筑施工单位，以及宾馆、商场、娱乐场所、旅游景区等人员密集场所经营单位，应当根据本单位可能发生的生产安全事故的特点和危害，配备必要的灭火、排水、通风以及危险物品稀释、掩埋、收集等应急救援器材、设备和物资，并进行经常性维护、保养，保证正常运转。

要义理解

工欲善其事，必先利其器。
装备并物资，皆要备充足。

第十四条 下列单位应当建立应急值班制度，配备应急值班人员：

（一）县级以上人民政府及其负有安全生产监督管理职责的部门；

(二) 危险物品的生产、经营、储存、运输单位以及矿山、金属冶炼、城市轨道交通运营、建筑施工单位;

(三) 应急救援队伍。

规模较大、危险性较高的易燃易爆物品、危险化学品等危险物品的生产、经营、储存、运输单位应当成立应急处置技术组,实行24小时应急值班。

要义理解

响应要高效,值班不可少。

决策要精准,技术太重要。

第十五条 生产经营单位应当对从业人员进行应急教育和培训,保证从业人员具备必要的应急知识,掌握风险防范技能和事故应急措施。

要义理解

人人懂安全,个个会应急。

第十七条 发生生产安全事故后,生产经营单位应当立即启动生产安全事故应急救援预案,采取下列一项或者多项应急救援措施,并按照国家有关规定报告事故情况:

(一) 迅速控制危险源,组织抢救遇险人员;

(二) 根据事故危害程度,组织现场人员撤离或者采取可能的应急措施后撤离;

(三) 及时通知可能受到事故影响的单位和人员;

(四) 采取必要措施,防止事故危害扩大和次生、衍生灾害发生;

(五) 根据需要请求邻近的应急救援队伍参加救援,并向参加救援的应急救援队伍提供相关技术资料、信息和处置方法;

(六) 维护事故现场秩序，保护事故现场和相关证据；

(七) 法律、法规规定的其他应急救援措施。

第十九条 应急救援队伍接到有关人民政府及其部门的救援命令或者签有应急救援协议的生产经营单位的救援请求后，应当立即参加生产安全事故应急救援。

应急救援队伍根据救援命令参加生产安全事故应急救援所耗费用，由事故责任单位承担；事故责任单位无力承担的，由有关人民政府协调解决。

要义理解

一方有难八方援，召之即来无条件。
流血流汗化灾难，不应再把费用担。

第二十条 发生生产安全事故后，有关人民政府认为有必要的，可以设立由本级人民政府及其有关部门负责人、应急救援专家、应急救援队伍负责人、事故发生单位负责人等人员组成的应急救援现场指挥部，并指定现场指挥部总指挥。

第二十一条 现场指挥部实行总指挥负责制，按照本级人民政府的授权组织制定并实施生产安全事故现场应急救援方案，协调、指挥有关单位和个人参加现场应急救援。

参加生产安全事故现场应急救援的单位和个人应当服从现场指挥部的统一指挥。

第二十二条 在生产安全事故应急救援过程中，发现可能直接危及应急救援人员生命安全的紧急情况时，现场指挥部或者统一指挥应急救援的人民政府应当立即采取相应措施消除隐患，降低或者化解风险，必要时可以暂时撤离应急救援人员。

要义理解

人命大于天，当撤不容缓。

第二十三条 生产安全事故发生地人民政府应当为应急救援人员提供必需的后勤保障，并组织通信、交通运输、医疗卫生、气象、水文、地质、电力、供水等单位协助应急救援。

第二十四条 现场指挥部或者统一指挥生产安全事故应急救援的人民政府及其有关部门应当完整、准确地记录应急救援的重要事项，妥善保存相关原始资料和证据。

第三十条 生产经营单位未制定生产安全事故应急救援预案、未定期组织应急救援预案演练、未对从业人员进行应急教育和培训，生产经营单位的主要负责人在本单位发生生产安全事故时不立即组织抢救的，由县级以上人民政府负有安全生产监督管理职责的部门依照《中华人民共和国安全生产法》有关规定追究法律责任。

第三十一条 生产经营单位未对应急救援器材、设备和物资进行经常性维护、保养，导致发生严重生产安全事故或者生产安全事故危害扩大，或者在本单位发生生产安全事故后未立即采取相应的应急救援措施，造成严重后果的，由县级以上人民政府负有安全生产监督管理职责的部门依照《中华人民共和国突发事件应对法》有关规定追究法律责任。

第三十二条 生产经营单位未将生产安全事故应急救援预案报送备案、未建立应急值班制度或者配备应急值班人员的，由县级以上人民政府负有安全生产监督管理职责的部门责令限期改正；逾期未改正的，处3万元以上5万元以下的罚款，对直接负责的主管人员和其他直接责任人员处1万元以上2万元以下的罚款。

要义理解

预案不备案，值班不规范。逾期不改正，罚款来惩办。

第四章 应急救援部门规章

一、安全生产违法行为行政处罚办法

（国家安全生产监督管理总局令第 15 号）

第十四条 安全监管监察部门及其行政执法人员在监督检查时发现生产经营单位存在事故隐患的，应当按照下列规定采取现场处理措施：

（一）能够立即排除的，应当责令立即排除；

（二）重大事故隐患排除前或者排除过程中无法保证安全的，应当责令从危险区域撤出作业人员，并责令暂时停产停业、停止建设、停止施工或者停止使用相关设施、设备，限期排除隐患。

……

要义理解

“重大事故隐患排除前或者排除过程中无法保证安全的，应当责令从危险区域撤出作业人员……”透过现象看本质：以人为本，防范为先。

第四十六条 危险物品的生产、经营、储存单位以及矿山、金属冶炼单位有下列行为之一的，责令改正，并可以处 1 万元以上 3 万元以下的罚款：

（一）未建立应急救援组织或者生产经营规模较小、未指定兼职应急救援人员的；

(二) 未配备必要的应急救援器材、设备和物资，并进行经常性维护、保养，保证正常运转的。

要义理解

组织人员要健全，
装备物资不可少。
要想成为“正规军”，
最低“标配”先做到。

二、生产安全事故应急预案管理办法

(2016 年 6 月 3 日国家安全生产监督管理总局令第 88 号公布，自 2016 年 7 月 1 日起施行；根据 2019 年 7 月 11 日应急管理部令第 2 号修正)

第三条 应急预案的管理实行属地为主、分级负责、分类指导、综合协调、动态管理的原则。

第五条 生产经营单位主要负责人负责组织编制和实施本单位的应急预案，并对应急预案的真实性和实用性负责；各分管负责人应当按照职责分工落实应急预案规定的职责。

第六条 生产经营单位应急预案分为综合应急预案、专项应急预案和现场处置方案。

综合应急预案，是指生产经营单位为应对各种生产安全事故而制定的综合性工作方案，是本单位应对生产安全事故的总体工作程序、措施和应急预案体系的总纲。

专项应急预案，是指生产经营单位为应对某一种或者多种类型生产安全事故，或者针对重要生产设施、重大危险源、重大活动防止生产安全事故而制定的专项性工作方案。

现场处置方案，是指生产经营单位根据不同生产安全事故类型，针对具体场所、装置或者设施所制定的应急处置措施。

第七条 应急预案的编制应当遵循以人为本、依法依规、符合实际、注重实效的原则，以应急处置为核心，明确应急职责、规范应急程序、细化保障措施。

要义理解

“原则”把准，“核心”做实。

第八条 应急预案的编制应当符合下列基本要求：

（一）有关法律、法规、规章和标准的规定；

（二）本地区、本部门、本单位的安全生产实际情况；

（三）本地区、本部门、本单位的危险性分析情况；

要义理解

风险分析是预案编制之基，放矢之“的”，离开危险分析编预案，既骗别人，也坑自己。

（四）应急组织和人员的职责分工明确，并有具体的落实措施；

（五）有明确、具体的应急程序和处置措施，并与其应急能力相适应；

要义理解

风险在前，应对在后。
前后呼应，预案好用。

（六）有明确的应急保障措施，满足本地区、本部门、本单位的应急工作需要；

（七）应急预案基本要素齐全、完整，应急预案附件提供的信息准确；

(八) 应急预案内容与相关应急预案相互衔接。

第九条 编制应急预案应当成立编制工作小组，由本单位有关负责人任组长，吸收与应急预案有关的职能部门和单位的人员，以及有现场处置经验的人员参加。

要义理解

> **预案编制须集思广益，**
> **不能单打独斗唱独角戏。**

第十条 编制应急预案前，编制单位应当进行事故风险辨识、评估和应急资源调查。

事故风险辨识、评估，是指针对不同事故种类及特点，识别存在的危险危害因素，分析事故可能产生的直接后果以及次生、衍生后果，评估各种后果的危害程度和影响范围，提出防范和控制事故风险措施的过程。

应急资源调查，是指全面调查本地区、本单位第一时间可以调用的应急资源状况和合作区域内可以请求援助的应急资源状况，并结合事故风险辨识评估结论制定应急措施的过程。

第十二条 生产经营单位应当根据有关法律、法规、规章和相关标准，结合本单位组织管理体系、生产规模和可能发生的事故特点，与相关预案保持衔接，确立本单位的应急预案体系，编制相应的应急预案，并体现自救互救和先期处置等特点。

第十三条 生产经营单位风险种类多、可能发生多种类型事故的，应当组织编制综合应急预案。

综合应急预案应当规定应急组织机构及其职责、应急预案体系、事故风险描述、预警及信息报告、应急响应、保障措施、应急预案管理等内容。

第十四条 对于某一种或者多种类型的事故风险，生产经营单位可以编制相应的专项应急预案，或将专项应急预案并入综合应急预案。

专项应急预案应当规定应急指挥机构与职责、处置程序和措施等内容。

第十五条 对于危险性较大的场所、装置或者设施，生产经营单位应当编制现场处置方案。

现场处置方案应当规定应急工作职责、应急处置措施和注意事项等内容。

事故风险单一、危险性小的生产经营单位，可以只编制现场处置方案。

要义理解

预案分三种，按需来选定。
核心只一条：实用又好用。

第十六条 生产经营单位应急预案应当包括向上级应急管理机构报告的内容、应急组织机构和人员的联系方式、应急物资储备清单等附件信息。附件信息发生变化时，应当及时更新，确保准确有效。

第十七条 生产经营单位组织应急预案编制过程中，应当根据法律、法规、规章的规定或者实际需要，征求相关应急救援队伍、公民、法人或其他组织的意见。

第十八条 生产经营单位编制的各类应急预案之间应当相互衔接，并与相关人民政府及其部门、应急救援队伍和涉及的其他单位的应急预案相衔接。

要义理解

预案有机衔接不易，
应当逐一核对仔细。

第十九条 生产经营单位应当在编制应急预案的基础上，针对工作场所、岗位的特点，编制简明、实用、有效的应急处置卡。

应急处置卡应当规定重点岗位、人员的应急处置程序和措施，以及相关联络人员和联系方式，便于从业人员携带。

要义理解

处置卡片不求大，
程序要点取精华。

第二十一条 矿山、金属冶炼企业和易燃易爆物品、危险化学品的生产、经营(带储存设施的，下同)、储存、运输企业，以及使用危险化学品达到国家规定数量的化工企业、烟花爆竹生产、批发经营企业和中型规模以上的其他生产经营单位，应当对本单位编制的应急预案进行评审，并形成书面评审纪要。

前款规定以外的其他生产经营单位可以根据自身需要，对本单位编制的应急预案进行论证。

要义理解

评审还是论证，
关键风险搞清。
风险若重评审，
风险若轻论证。

第二十二条 参加应急预案评审的人员应当包括有关安全生产及应急管理方面的专家。

评审人员与所评审应急预案的生产经营单位有利害关系的，应当回避。

第二十三条 应急预案的评审或者论证应当注重基本要素的

完整性、组织体系的合理性、应急处置程序和措施的针对性、应急保障措施的可行性、应急预案的衔接性等内容。

第二十四条 生产经营单位的应急预案经评审或者论证后，由本单位主要负责人签署，向本单位从业人员公布，并及时发放到本单位有关部门、岗位和相关应急救援队伍。

事故风险可能影响周边其他单位、人员的，生产经营单位应当将有关事故风险的性质、影响范围和应急防范措施告知周边的其他单位和人员。

要义理解

预案事关员工生命，
签署发布务必慎重。

第二十六条 易燃易爆物品、危险化学品等危险物品的生产、经营、储存、运输单位，矿山、金属冶炼、城市轨道交通运营、建筑施工单位，以及宾馆、商场、娱乐场所、旅游景区等人员密集场所经营单位，应当在应急预案公布之日起20个工作日内，按照分级属地原则，向县级以上人民政府应急管理部门和其他负有安全生产监督管理职责的部门进行备案，并依法向社会公布。

前款所列单位属于中央企业的，其总部(上市公司)的应急预案，报国务院主管的负有安全生产监督管理职责的部门备案，并抄送应急管理部；其所属单位的应急预案报所在地的省、自治区、直辖市或者设区的市级人民政府主管的负有安全生产监督管理职责的部门备案，并抄送同级人民政府应急管理部门。

本条第一款所列单位不属于中央企业的，其中非煤矿山、金属冶炼和危险化学品生产、经营、储存、运输企业，以及使用危险化学品达到国家规定数量的化工企业、烟花爆竹生产、批发经营企业的应急预案，按照隶属关系报所在地县级以上地方人民政府应急管理部门备案；本款前述单位以外的其他生产经营单位应急预案的备案，由省、自治区、直辖市人民政府负有安全生产监督管理职责的部门确定。

油气输送管道运营单位的应急预案，除按照本条第一款、第二款的规定备案外，还应当抄送所经行政区域的县级人民政府应急管理部门。

海洋石油开采企业的应急预案，除按照本条第一款、第二款的规定备案外，还应当抄送所经行政区域的县级人民政府应急管理部门和海洋石油安全监管机构。

煤矿企业的应急预案除按照本条第一款、第二款的规定备案外，还应当抄送所在地的煤矿安全监察机构。

要义理解

预案完成当备案，期限不超二十天。
备案完成需注意，依法公布做周全。

第二十七条 生产经营单位申报应急预案备案，应当提交下列材料：

(一) 应急预案备案申报表；

(二) 本办法第二十一条所列单位，应当提供应急预案评审意见；

(三) 应急预案电子文档；

(四) 风险评估结果和应急资源调查清单。

第二十八条 受理备案登记的负有安全生产监督管理职责的部门应当在5个工作日内对应急预案材料进行核对，材料齐全的，应当予以备案并出具应急预案备案登记表；材料不齐全的，不予备案并一次性告知需要补齐的材料。逾期不予备案又不说明理由的，视为已经备案。

对于实行安全生产许可的生产经营单位，已经进行应急预案备案的，在申请安全生产许可证时，可以不提供相应的应急预案，仅提供应急预案备案登记表。

第三十条 各级人民政府应急管理部门、各类生产经营单位应当采取多种形式开展应急预案的宣传教育，普及生产安全事故避险、自救和互救知识，提高从业人员和社会公众的安全意识与应急处置技能。

第三十一条 各级人民政府应急管理部门应当将本部门应急预案的培训纳入安全生产培训工作计划，并组织实施本行政区域内重点生产经营单位的应急预案培训工作。

生产经营单位应当组织开展本单位的应急预案、应急知识、自救互救和避险逃生技能的培训活动，使有关人员了解应急预案内容，熟悉应急职责、应急处置程序和措施。

应急培训的时间、地点、内容、师资、参加人员和考核结果等情况应当如实记入本单位的安全生产教育和培训档案。

第三十二条 各级人民政府应急管理部门应当至少每两年组织一次应急预案演练，提高本部门、本地区生产安全事故应急处置能力。

第三十三条 生产经营单位应当制定本单位的应急预案演练计划，根据本单位的事故风险特点，每年至少组织一次综合应急预案演练或者专项应急预案演练，每半年至少组织一次现场处置方案演练。

易燃易爆物品、危险化学品等危险物品的生产、经营、储存、运输单位，矿山、金属冶炼、城市轨道交通运营、建筑施工单位，以及宾馆、商场、娱乐场所、旅游景区等人员密集场所经营单位，应当至少每半年组织一次生产安全事故应急预案演练，并将演练情况报送所在地县级以上地方人民政府负有安全生产监督管理职责的部门。

县级以上地方人民政府负有安全生产监督管理职责的部门应当对本行政区域内前款规定的重点生产经营单位的生产安全事故

应急救援预案演练进行抽查；发现演练不符合要求的，应当责令限期改正。

第三十四条 应急预案演练结束后，应急预案演练组织单位应当对应急预案演练效果进行评估，撰写应急预案演练评估报告，分析存在的问题，并对应急预案提出修订意见。

第三十五条 应急预案编制单位应当建立应急预案定期评估制度，对预案内容的针对性和实用性进行分析，并对应急预案是否需要修订作出结论。

矿山、金属冶炼、建筑施工企业和易燃易爆物品、危险化学品等危险物品的生产、经营、储存、运输企业、使用危险化学品达到国家规定数量的化工企业、烟花爆竹生产、批发经营企业和中型规模以上的其他生产经营单位，应当每三年进行一次应急预案评估。

应急预案评估可以邀请相关专业机构或者有关专家、有实际应急救援工作经验的人员参加，必要时可以委托安全生产技术服务机构实施。

要义理解

预案要熟练，培训演练是关键。

预案要好用，严格评估挑毛病。

第三十六条 有下列情形之一的，应急预案应当及时修订并归档：

（一）依据的法律、法规、规章、标准及上位预案中的有关规定发生重大变化的；

（二）应急指挥机构及其职责发生调整的；

（三）安全生产面临的风险发生重大变化的；

（四）重要应急资源发生重大变化的；

（五）在应急演练和事故应急救援中发现需要修订预案的重

大问题的；

（六）编制单位认为应当修订的其他情况。

第三十七条　应急预案修订涉及组织指挥体系与职责、应急处置程序、主要处置措施、应急响应分级等内容变更的，修订工作应当参照本办法规定的应急预案编制程序进行，并按照有关应急预案报备程序重新备案。

第三十八条　生产经营单位应当按照应急预案的规定，落实应急指挥体系、应急救援队伍、应急物资及装备，建立应急物资、装备配备及其使用档案，并对应急物资、装备进行定期检测和维护，使其处于适用状态。

第三十九条　生产经营单位发生事故时，应当第一时间启动应急响应，组织有关力量进行救援，并按照规定将事故信息及应急响应启动情况报告事故发生地县级以上人民政府应急管理部门和其他负有安全生产监督管理职责的部门。

第四十条　生产安全事故应急处置和应急救援结束后，事故发生单位应当对应急预案实施情况进行总结评估。

要义理解

预案非古玩，不可守旧须保“鲜”。

第四十四条　生产经营单位有下列情形之一的，由县级以上人民政府应急管理等部门依照《中华人民共和国安全生产法》第九十四条的规定，责令限期改正，可以处5万元以下罚款；逾期未改正的，责令停产停业整顿，并处5万元以上10万元以下的罚款，对直接负责的主管人员和其他直接责任人员处1万元以上2万元以下的罚款：

（一）未按照规定编制应急预案的；

（二）未按照规定定期组织应急预案演练的。

第四十五条　生产经营单位有下列情形之一的，由县级以上人民政府应急管理部门责令限期改正，可以处 1 万元以上 3 万元以下罚款：

（一）在应急预案编制前未按照规定开展风险辨识、评估和应急资源调查的；

（二）未按照规定开展应急预案评审的；

（三）事故风险可能影响周边单位、人员的，未将事故风险的性质、影响范围和应急防范措施告知周边单位和人员的；

（四）未按照规定开展应急预案评估的；

（五）未按照规定进行应急预案修订的；

（六）未落实应急预案规定的应急物资及装备的。

生产经营单位未按照规定进行应急预案备案的，由县级以上人民政府应急管理等部门依照职责责令限期改正；逾期未改正的，处 3 万元以上 5 万元以下的罚款，对直接负责的主管人员和其他直接责任人员处 1 万元以上 2 万元以下的罚款。

要义理解

应急预案监管严，作用重要尽彰显。

三、生产安全事故罚款处罚规定

（2024 年 1 月 10 日应急管理部令第 14 号公布，
自 2024 年 3 月 1 日起施行）

第十一条 事故发生单位主要负责人有《中华人民共和国安全生产法》第一百一十条、《生产安全事故报告和调查处理条例》第三十五条、第三十六条规定的下列行为之一的，依照下列规定处以罚款：

（一）事故发生单位主要负责人在事故发生后不立即组织事故抢救，或者在事故调查处理期间擅离职守，或者瞒报、谎报、迟报事故，或者事故发生后逃匿的，处上一年年收入60%至80%的罚款；贻误事故抢救或者造成事故扩大或者影响事故调查或者造成重大社会影响的，处上一年年收入80%至100%的罚款；

（二）事故发生单位主要负责人漏报事故的，处上一年年收入40%至60%的罚款；贻误事故抢救或者造成事故扩大或者影响事故调查或者造成重大社会影响的，处上一年年收入60%至80%的罚款；

（三）事故发生单位主要负责人伪造、故意破坏事故现场，或者转移、隐匿资金、财产、销毁有关证据、资料，或者拒绝接受调查，或者拒绝提供有关情况和资料，或者在事故调查中作伪证，或者指使他人作伪证的，处上一年年收入60%至80%的罚款；贻误事故抢救或者造成事故扩大或者影响事故调查或者造成重大社会影响的，处上一年年收入80%至100%的罚款。

第十二条 事故发生单位直接负责的主管人员和其他直接责任人员有《生产安全事故报告和调查处理条例》第三十六条规定的行为之一的，处上一年年收入60%至80%的罚款；贻误事故抢救或者造成事故扩大或者影响事故调查或者造成重大社会影响的，处上一年年收入80%至100%的罚款。

第十三条 事故发生单位有《生产安全事故报告和调查处理条例》第三十六条第一项至第五项规定的行为之一的，依照下列规定处以罚款：

（一）发生一般事故的，处100万元以上150万元以下的罚款；

（二）发生较大事故的，处150万元以上200万元以下的罚款；

（三）发生重大事故的，处200万元以上250万元以下的罚款；

（四）发生特别重大事故的，处250万元以上300万元以下的罚款。

事故发生单位有《生产安全事故报告和调查处理条例》第三十六条第一项至第五项规定的行为之一的，贻误事故抢救或者造成事故扩大或者影响事故调查或者造成重大社会影响的，依照下列规定处以罚款：

（一）发生一般事故的，处300万元以上350万元以下的罚款；

（二）发生较大事故的，处350万元以上400万元以下的罚款；

（三）发生重大事故的，处400万元以上450万元以下的罚款；

（四）发生特别重大事故的，处450万元以上500万元以下的罚款。

要义理解

火灾爆炸恶虎般，
毁物伤财人命悬。
虎口夺命贵神速，
不由半秒来拖延。
不救迟救责任大，
罚款再多无人怜。

四、生产经营单位安全培训规定

（国家安全生产监管总局令第80号）

第七条 生产经营单位主要负责人安全培训应当包括下列内容：

（一）国家安全生产方针、政策和有关安全生产的法律、法规、规章及标准；

（二）安全生产管理基本知识、安全生产技术、安全生产专业知识；

（三）重大危险源管理、重大事故防范、应急管理和救援组织以及事故调查处理的有关规定；

（四）职业危害及其预防措施；

（五）国内外先进的安全生产管理经验；

（六）典型事故和应急救援案例分析；

（七）其他需要培训的内容。

第八条 生产经营单位安全生产管理人员安全培训应当包括下列内容：

（一）国家安全生产方针、政策和有关安全生产的法律、法规、规章及标准；

（二）安全生产管理、安全生产技术、职业卫生等知识；

（三）伤亡事故统计、报告及职业危害的调查处理方法；

（四）应急管理、应急预案编制以及应急处置的内容和要求；

（五）国内外先进的安全生产管理经验；

（六）典型事故和应急救援案例分析；

（七）其他需要培训的内容。

第十四条 厂（矿）级岗前安全培训内容应当包括：

（一）本单位安全生产情况及安全生产基本知识；

（二）本单位安全生产规章制度和劳动纪律；

（三）从业人员安全生产权利和义务；

（四）有关事故案例等。

煤矿、非煤矿山、危险化学品、烟花爆竹、金属冶炼等生产经营单位厂（矿）级安全培训除包括上述内容外，应当增加事故应急救援、事故应急预案演练及防范措施等内容。

要义理解

安全培训很重要，应急内容不可少。

五、中央企业应急管理暂行办法

(国务院国有资产监督管理委员会令第31号)

第一章 总 则

第一条 为进一步加强和规范中央企业应急管理工作，提高中央企业防范和处置各类突发事件的能力，最大程度地预防和减少突发事件及其造成的损害和影响，保障人民群众生命财产安全，维护国家安全和社会稳定，根据《中华人民共和国突发事件应对法》《中华人民共和国企业国有资产法》《国家突发公共事件总体应急预案》《国务院关于全面加强应急管理工作的意见》(国发〔2006〕24号)等有关法律法规、规定，制定本办法。

第二条 突发事件是指突然发生，造成或者可能造成严重社会危害，需要采取应急处置措施予以应对的自然灾害、事故灾难、公共卫生事件和社会安全事件。

(一)自然灾害。主要包括水旱灾害、气象灾害、地震灾害、地质灾害、海洋灾害、生物灾害和森林草原火灾等。

(二)事故灾难。主要包括工矿商贸等企业的各类安全事故、交通运输事故、公共设施和设备事故、环境污染和生态破坏事件等。

(三)公共卫生事件。主要包括传染病疫情、群体性不明原因疾病、食品安全和职业危害、动物疫情，以及其他严重影响公众健康和生命安全的事件。

(四)社会安全事件。主要包括恐怖袭击事件、民族宗教事件、经济安全事件、涉外突发事件和群体性事件等。

第三条 本办法所称中央企业，是指国务院国有资产监督管理委员会(以下简称国资委)根据国务院授权履行出资人职责的国家出资企业。

第四条 中央企业应急管理是指中央企业在政府有关部门的

指导下对各类突发事件的预防与应急准备、监测与预警、应急处置与救援、事后恢复与重建等活动的全过程管理。

第五条 中央企业应急管理工作应依法接受政府有关部门的监督管理。

第六条 国资委对中央企业的应急管理工作履行以下监管职责：

（一）指导、督促中央企业落实国家应急管理方针政策及有关法律法规、规定和标准。

（二）指导、督促中央企业建立完善各类突发事件应急预案，开展预案的培训和演练。

（三）指导、督促中央企业落实各项防范和处置突发事件的措施，及时有效应对企业各类突发事件，做好舆论引导工作。

（四）参与国家有关部门或适当组织对中央企业应急管理的检查、督查。

（五）指导、督促中央企业参与社会重大突发事件的应急处置与救援。

（六）配合国家有关部门对中央企业在突发事件应对中的失职渎职责任进行追究。

第二章 工作责任和组织体系

第七条 中央企业应当认真履行应急管理主体责任，贯彻落实国家应急管理方针政策及有关法律法规、规定，建立和完善应急管理责任制，应急管理责任制应覆盖本企业全体职工和岗位、全部生产经营和管理过程。

第八条 中央企业应当全面履行以下应急管理职责：

（一）建立健全应急管理体系，完善应急管理组织机构。

（二）编制完善各类突发事件的应急预案，组织开展应急预案的培训和演练，并持续改进。

（三）督促所属企业主动与所在地人民政府应急管理体系对接，建立应急联动机制。

(四) 加强企业专(兼)职救援队伍和应急平台建设。

(五) 做好突发事件的报告、处置和善后工作，做好突发事件的舆情监测、信息披露、新闻危机处置。

(六) 积极参与社会突发事件的应急处置与救援。

第九条 中央企业主要负责人是本企业应急管理的第一责任人，对本企业应急管理工作负总责。中央企业各类突发事件应急管理的分管负责人，协助主要负责人落实应急管理方针政策及有关法律法规、规定和标准，统筹协调和管理企业相应突发事件的应急管理工作，对企业应急管理工作负重要领导责任。

第十条 中央企业应当对其独资、控股及参股企业的应急管理认真履行以下监督管理责任：

(一) 监督管理独资及控股子企业应急管理组织机构设置情况；应急管理制度建立情况；应急预案编制、评估、备案、培训、演练情况；应急管理投入、专(兼)职救援队伍和应急平台建设情况；及时报告、处置突发事件等情况。

(二) 将独资及控股子企业纳入中央企业应急管理体系，严格应急管理的检查、考核、奖惩和责任追究。

(三) 对参股等其他类子企业，中央企业应按照相关法律法规的要求，通过经营合同、公司章程、协议书等明确各股权方的应急管理责任。

第十一条 中央企业应当建立健全应急管理组织体系，明确本企业应急管理的综合协调部门和各类突发事件分管部门的职责。

(一) 应急管理机构和人员。

中央企业应当按照有关规定，成立应急领导机构，设置或明确应急管理综合协调部门和专项突发事件应急管理分管部门，配置专(兼)职应急管理人员，其任职资格和配备数量，应符合国家和行业的有关规定；国家和行业没有明确规定的，应根据本企业的生产经营内容和性质、管理范围、管理跨度等，配备专

(兼)职应急管理人员。

(二)应急管理工作领导机构。

中央企业要成立应急管理领导小组，负责统一领导本企业的应急管理工作，研究决策应急管理重大问题和突发事件应对办法。领导机构主要负责人应当由企业主要负责人担任，并明确一位企业负责人具体分管领导机构的日常工作。领导机构应当建立工作制度和例会制度。

(三)应急管理综合协调部门。

应急管理综合协调部门负责组织企业应急体系建设，组织编制企业总体应急预案，组织协调分管部门开展应急管理日常工作。在跨界突发事件应急状态下，负责综合协调企业内部资源、对外联络沟通等工作。

(四)应急管理分管部门。

应急管理分管部门负责专项应急预案的编制、评估、备案、培训和演练，负责专项突发事件应急管理的日常工作，分管专项突发事件的应急处置。

第三章 工作要求

第十二条 中央企业应急管理工作必须坚持预防为主、预防与处置相结合的原则，按照“统一领导、综合协调、分类管理、分级负责、企地衔接”的要求，建立“上下贯通、多方联动、协调有序、运转高效”的应急管理机制，开展应急管理常态工作。

第十三条 中央企业应建立完善应急管理体系，积极借鉴国内外应急管理先进理念，采用科学的应急管理方法和技术手段，不断提高应急管理水平。

(一)中央企业应当将应急管理体系建设规划纳入企业总体发展战略规划，使应急管理体系建设与企业发展同步实施、同步推进。

(二)中央企业应急管理体系建设应当包括：应急管理组织体系、应急预案体系、应急管理制度体系、应急培训演练体系、应急队伍建设体系、应急保障体系等。

（三）中央企业应当加强应急管理体系的运行管理，及时发现应急管理体系存在的问题，持续改进、不断完善，确保企业应急管理体系有效运行。

第十四条 中央企业应当加强各类突发事件的风险识别、分析和评估，针对突发事件的性质、特点和可能造成的社会危害，编制企业总体应急预案、专项应急预案和现场处置方案，形成“横向到边、纵向到底、上下对应、内外衔接”的应急预案体系。中央企业应当加强预案管理，建立应急预案的评估、修订和备案管理制度。

第十五条 中央企业应当加强风险监测，建立突发事件预警机制，针对可能发生的各类突发事件，及时采取措施，防范各类突发事件的发生，减少突发事件造成的危害。

第十六条 中央企业应当加强各级企业负责人、管理人员和作业人员的应急培训，提高应急指挥和救援人员的应急管理水平和专业技能，提高全员的应急意识和防灾、避险、自救、互救能力；要组织编制有针对性的培训教材，分层次开展全员应急培训。

第十七条 中央企业应当有计划地组织开展多种形式、节约高效的应急预案演练，突出演练的针对性和实战性，认真做好演练的评估工作，对演练中发现的问题和不足持续改进，提高应对各类突发事件的能力。

第十八条 中央企业应当按照专业救援和职工参与相结合、险时救援和平时防范相结合的原则，建设以专业队伍为骨干、兼职队伍为辅助、职工队伍为基础的企业应急救援队伍体系。

第十九条 中央企业应当加强应急救援基地建设。煤矿和非煤矿山、石油、化工、电力、通讯、民航、水上运输、核工业等企业应当建设符合专业特点、布局配置合理的应急救援基地，积极参加国家级和区域性应急救援基地建设。

第二十条 中央企业应当加强综合保障能力建设，加强应急装备和物资的储备，满足突发事件处置需求，了解掌握企业所在地周边应急资源情况，并在应急处置中互相支援。

第二十一条 中央企业应当加大应急管理投入力度，切实保障应急体系建设、应急基地和队伍建设、应急装备和物资储备、应急培训演练等的资金需求。

第二十二条 中央企业应当加强与地方人民政府及其相关部门应急预案的衔接工作，建立政府与企业之间的应急联动机制，统筹配置应急救援组织机构、队伍、装备和物资，共享区域应急资源。加强与所在地人民政府、其他企业之间的应急救援联动，有针对性地组织开展联合应急演练，充分发挥应对重大突发事件区域一体化联防功能，提高共同应对突发事件的能力和水平。

第二十三条 中央企业应当建设满足应急需要的应急平台，构建完善的突发事件信息网络，实现突发事件信息快速、及时、准确地收集和报送，为应急指挥决策提供信息支撑和辅助手段。

第二十四条 中央企业应当充分发挥保险在突发事件预防、处置和恢复重建等方面的作用，大力推进意外伤害保险和责任保险制度建设，完善对专业和兼职应急队伍的工伤保险制度。

第二十五条 中央企业应当积极推进科技支撑体系建设，紧密跟踪国内外先进应急理论、技术发展，针对企业应急工作的重点和难点，加强与科研机构的联合攻关，积极研发和使用突发事件预防、监测、预警、应急处置与救援的新技术、新设备。

第二十六条 中央企业应当建立突发事件信息报告制度。突发事件发生后，要立即向所在地人民政府报告，并按照要求向国务院有关部门和国资委报告，情况紧急时，可直接向国务院报告。信息要做到及时、客观、真实，不得迟报、谎报、瞒报、漏报。

第二十七条 中央企业应当建立突发事件统计分析制度，及时、全面、准确地统计各类突发事件发生起数、伤亡人数、造成的经济损失等相关情况，并纳入企业的统计指标体系。

第二十八条 造成人员伤亡或生命受到威胁的突发事件发生后，中央企业应当立即启动应急预案，组织本单位应急救援队伍和工作人员营救受害人员，疏散、撤离、安置受到威胁的人员，控制危险源，标明危险区域，封锁危险场所，并采取防止危害扩大的必要措施，同时及时向所在地人民政府和有关部门报告；对因本单位的问题引发的或者主体是本单位人员的社会安全事件，有关单位应当按照规定上报情况，并迅速派出负责人赶赴现场开展劝解、疏导工作；突发事件处置过程中，应加强协调，服从指挥。

第二十九条 中央企业应当建立突发事件信息披露机制，突发事件发生后，应第一时间启动新闻宣传应急预案、全面开展舆情监测、拟定媒体应答口径，做好采访接待准备，并按照有关规定和政府有关部门的统一安排，及时准确地向社会、媒体、员工披露有关突发事件事态发展和应急处置进展情况的信息。

第三十条 突发事件的威胁和危害得到控制或者消除后，中央企业应当按照政府有关部门的要求解除应急状态，并及时组织对突发事件造成的损害进行评估，开展或协助开展突发事件调查处理，查明发生经过和原因，总结经验教训，制定改进措施，尽快恢复正常的生产、生活和社会秩序。

第四章 社会救援

第三十一条 中央企业在做好本企业应急救援工作的同时，要切实履行社会责任，积极参与各类社会公共突发事件的应对处置，在政府的统一领导下，发挥自身专业技术、装备、资源优势，开展应急救援，共同维护社会稳定和人民群众生命财产安全。

第三十二条 社会公共突发事件发生后，相关中央企业应当按照政府及有关部门要求，在能力范围内积极提供电力、通讯、油气、交通等救援保障和食品、药品等生活保障。

第三十三条 中央企业应当建立重大自然灾害捐赠制度，规范捐赠行为，进行捐赠的中央企业必须按照规定及时向国资委报告和备案。

第三十四条 参与社会公共突发事件救援的中央企业，应当及时向国资委报告参与救援的实时信息。

第五章 监督与奖惩

第三十五条 国资委组织开展中央企业应急管理工作的督查工作，督促中央企业落实应急管理有关规定，提高中央企业应急管理工作水平，并酌情对检查结果予以通报。

第三十六条 中央企业违反本办法，不履行应急管理职责的，国资委将责令其改正或予以通报批评；具有以下情形的，国资委将按照干部管理权限追究相关责任人的责任；涉嫌犯罪的，依法移送司法机关处理。

（一）未按照规定采取预防措施，导致发生突发事件，或者未采取必要的防范措施，导致发生次生、衍生事件的。

（二）迟报、谎报、瞒报、漏报有关突发事件的信息，或者通报、报送、公布虚假信息，造成严重后果的。

（三）未按照规定及时发布突发事件预警信息、采取预警措施，导致事件发生的。

（四）未按照规定及时采取措施处置突发事件或者处置不当，造成严重后果的。

第三十七条 国资委对认真贯彻执行本办法和应对突发事件作出突出贡献的中央企业予以表彰，中央企业应当对作出突出贡献的基层单位和个人进行表彰奖励。

第三十八条 中央企业参与突发事件救援遭受重大经济损失的，国资委将按照国务院有关规定给予国有资本预算补助，并在当年中央企业负责人经营业绩考核中酌情考虑。

第六章 附 则

第三十九条 突发事件的分类分级按照《中华人民共和国突

发事件应对法》《国家突发公共事件总体应急预案》有关规定执行。

第四十条 中央企业境外机构应当首先遵守所在国相关法律法规，参照本办法执行。

第四十一条 本办法由国资委负责解释。

第四十二条 本办法自印发之日起施行。

要义理解

《中央企业应急管理暂行办法》于2013年2月28日公布，是迄今为止关于中央企业应急管理的最系统、全面的部门规章，应全面理解，照单执行。

六、危险化学品重大危险源监督管理暂行规定

（国家安全生产监督管理总局令第40号）

第十条 重大危险源安全评估报告应当客观公正、数据准确、内容完整、结论明确、措施可行，并包括下列内容：

（一）评估的主要依据；

（二）重大危险源的基本情况；

（三）事故发生的可能性及危害程度；

（四）个人风险和社会风险值(仅适用定量风险评价方法)；

（五）可能受事故影响的周边场所、人员情况；

（六）重大危险源辨识、分级的符合性分析；

（七）安全管理措施、安全技术和监控措施；

（八）事故应急措施；

（九）评估结论与建议。

危险化学品单位以安全评价报告代替安全评估报告的，其安全评价报告中有关重大危险源的内容应当符合本条第一款规定的要求。

要义理解

评估虽挂“安全”名，“应急”内容含其中。

第十八条　危险化学品单位应当在重大危险源所在场所设置明显的安全警示标志，写明紧急情况下的应急处置办法。

要义理解

警示标志应明显，
处置要领须写全。

第十九条　危险化学品单位应当将重大危险源可能发生的事故后果和应急措施等信息，以适当方式告知可能受影响的单位、区域及人员。

第二十条　危险化学品单位应当依法制定重大危险源事故应急预案，建立应急救援组织或者配备应急救援人员，配备必要的防护装备及应急救援器材、设备、物资，并保障其完好和方便使用；配合地方人民政府安全生产监督管理部门制定所在地区涉及本单位的危险化学品事故应急预案。

对存在吸入性有毒、有害气体的重大危险源，危险化学品单位应当配备便携式浓度检测设备、空气呼吸器、化学防护服、堵漏器材等应急器材和设备；涉及剧毒气体的重大危险源，还应当配备两套以上（含本数）气密型化学防护服；涉及易燃易爆气体或者易燃液体蒸气的重大危险源，还应当配备一定数量的便携式可燃气体检测设备。

第二十一条　危险化学品单位应当制定重大危险源事故应急预案演练计划，并按照下列要求进行事故应急预案演练：

（一）对重大危险源专项应急预案，每年至少进行一次；

（二）对重大危险源现场处置方案，每半年至少进行一次。

应急预案演练结束后，危险化学品单位应当对应急预案演练效果进行评估，撰写应急预案演练评估报告，分析存在的问题，对应急预案提出修订意见，并及时修订完善。

要义理解

重大危险源，
必须开小灶。
预案专门编，
勤练来完善。

第三十二条 危险化学品单位有下列行为之一的，由县级以上人民政府安全生产监督管理部门责令限期改正；逾期未改正的，责令停产停业整顿，可以并处2万元以上10万元以下的罚款：

（一）未按照本规定要求对重大危险源进行安全评估或者安全评价的；

（二）未按照本规定要求对重大危险源进行登记建档的；

（三）未按照本规定及相关标准要求对重大危险源进行安全监测监控的；

（四）未制定重大危险源事故应急预案的。

要义理解

没有编预案，至少罚2万。

第三十三条 危险化学品单位有下列行为之一的，由县级以上人民政府安全生产监督管理部门责令限期改正；逾期未改正的，责令停产停业整顿，并处5万元以下的罚款：

（一）未在构成重大危险源的场所设置明显的安全警示标志的；

（二）未对重大危险源中的设备、设施等进行定期检测、检验的。

第三十四条 危险化学品单位有下列情形之一的，由县级以上人民政府安全生产监督管理部门给予警告，可以并处5000元以上3万元以下的罚款：

（一）未按照标准对重大危险源进行辨识的；

（二）未按照本规定明确重大危险源中关键装置、重点部位的责任人或者责任机构的；

（三）未按照本规定建立应急救援组织或者配备应急救援人员，以及配备必要的防护装备及器材、设备、物资，并保障其完好的；

（四）未按照本规定进行重大危险源备案或者核销的；

（五）未将重大危险源可能引发的事故后果、应急措施等信息告知可能受影响的单位、区域及人员的；

（六）未按照本规定要求开展重大危险源事故应急预案演练的；

（七）未按照本规定对重大危险源的安全生产状况进行定期检查，采取措施消除事故隐患的。

要义理解

组织未建立，
装备不到位。
警告不为过，
罚款也不亏。

第五章 应急管理相关规范性文件

一、中共中央 国务院关于推进安全生产领域改革发展的意见

（中发〔2016〕32号，2016年12月9日）

——坚持系统治理。严密层级治理和行业治理、政府治理、社会治理相结合的安全生产治理体系，组织动员各方面力量实施社会共治。综合运用法律、行政、经济、市场等手段，落实人防、技防、物防措施，提升全社会安全生产治理能力。

要义理解

人防、技防、物防。

二、健全落实安全生产责任制

（六）严格落实企业主体责任。企业对本单位安全生产和职业健康工作负全面责任，要严格履行安全生产法定责任，建立健全自我约束、持续改进的内生机制。企业实行全员安全生产责任制度，法定代表人和实际控制人同为安全生产第一责任人，主要技术负责人负有安全生产技术决策和指挥权，强化部门安全生产职责，落实一岗双责。完善落实混合所有制企业以及跨地区、多层级和境外中资企业投资主体的安全生产责任。建立企业全过程

安全生产和职业健康管理制度，做到安全责任、管理、投入、培训和应急救援“五到位”。国有企业要发挥安全生产工作示范带头作用，自觉接受属地监管。

要义理解

落实企业主体责任，必须真正落到实处。
落地环节不打通，责任落实就是空。

五、建立安全预防控制体系

（二十一）强化企业预防措施。企业要定期开展风险评估和危害辨识。针对高危工艺、设备、物品、场所和岗位，建立分级管控制度，制定落实安全操作规程。树立隐患就是事故的观念，建立健全隐患排查治理制度、重大隐患治理情况向负有安全生产监督管理职责的部门和企业职代会“双报告”制度，实行自查自改自报闭环管理。严格执行安全生产和职业健康“三同时”制度。大力推进企业安全生产标准化建设，实现安全管理、操作行为、设备设施和作业环境的标准化。开展经常性的应急演练和人员避险自救培训，着力提升现场应急处置能力。

要义理解

加强预案培训演练，提升技能不二之选。

六、加强安全基础保障能力建设

（二十六）完善安全投入长效机制。加强中央和地方财政安全生产预防及应急相关资金使用管理，加大安全生产与职业健康投入，强化审计监督。加强安全生产经济政策研究，完善安全生产专用设备企业所得税优惠目录。落实企业安全生产费用提取管理使用制度，建立企业增加安全投入的激励约束机制。健全投融资服务体系，引导企业集聚发展灾害防治、预测预警、检测监控、个体防护、应急处置、安全文化等技术、装备和服务产业。

要义理解

费用提取长效计，
有钱方可好办事。
费用该提及时提，
加大投入提能力。

二、中共中央 国务院关于推进防灾减灾救灾体制机制改革的意见

（2016年12月19日）

防灾减灾救灾工作事关人民群众生命财产安全，事关社会和谐稳定，是衡量执政党领导力、检验政府执行力、评判国家动员力、彰显民族凝聚力的一个重要方面。近年来，在党中央、国务院坚强领导下，我国防灾减灾救灾工作取得重大成就，积累了应对重特大自然灾害的宝贵经验，国家综合减灾能力明显提升。但也应看到，我国面临的自然灾害形势仍然复杂严峻，当前防灾减灾救灾体制机制有待完善，灾害信息共享和防灾减灾救灾资源统筹不足，重救灾轻减灾思想还比较普遍，一些地方城市高风险、农村不设防的状况尚未根本改变，社会力量和市场机制作用尚未得到充分发挥，防灾减灾宣传教育不够普及。为进一步做好防灾减灾救灾工作，现就推进防灾减灾救灾体制机制改革提出如下意见。

要义理解

防灾减灾并救灾，
六字真经巧安排：
事前防范第一步，
灾难为零高境界；
枕戈待旦备不虞，
化险为夷灾消殆；
险情失控无所惧，
协调联动同抗灾。

一、总体要求

（一）指导思想。全面贯彻党的十八大和十八届三中、四中、五中、六中全会精神，以邓小平理论、“三个代表”重要思想、科学发展观为指导，深入学习贯彻习近平总书记系列重要讲话精神和治国理政新理念新思想新战略，切实增强政治意识、大局意识、核心意识、看齐意识，紧紧围绕统筹推进“五位一体”总体布局和协调推进“四个全面”战略布局，牢固树立和落实新发展理念，坚持以人民为中心的发展思想，正确处理人和自然的关系，正确处理防灾减灾救灾和经济社会发展的关系，坚持以防为主、防抗救相结合，坚持常态减灾和非常态救灾相统一，努力实现从注重灾后救助向注重灾前预防转变，从应对单一灾种向综合减灾转变，从减少灾害损失向减轻灾害风险转变，落实责任、完善体系、整合资源、统筹力量，切实提高防灾减灾救灾工作法治化、规范化、现代化水平，全面提升全社会抵御自然灾害的综合防范能力。

要义理解

新时代，新思想。

把握“一个中心”：以人民为中心；

处理好“两个关系”：人和自然的关系，防灾减灾救灾和经济社会发展的关系；

做好“两个坚持”：坚持以防为主、防抗救相结合，坚持常态减灾和非常态救灾相统一；

实现“三个转变”：从注重灾后救助向注重灾前预防转变，从应对单一灾种向综合减灾转变，从减少灾害损失向减轻灾害风险转变。

三、国务院办公厅转发安全监管总局等部门关于加强企业应急管理工作意见的通知

(国办发〔2007〕13号，2007年2月28日)

关于加强企业应急管理工作的意见

安全监管总局　国资委　财政部　公安部
民政部　卫生部　环保总局

企业应急管理是指对企业生产经营中的各种安全生产事故和可能给企业带来人员伤亡、财产损失的各种外部突发公共事件，以及企业可能给社会带来损害的各类突发公共事件的预防、处置和恢复重建等工作，是企业管理的重要组成部分。加强企业应急管理，是企业自身发展的内在要求和必须履行的社会责任。近年来，我国企业应急管理工作取得较大进展，但总体上看仍存在诸多薄弱环节，安全生产事故频发，自然灾害、公共卫生事件、社会安全事件等也给企业安全造成多方面影响。为深入贯彻落实《国家突发公共事件总体应急预案》和《国务院关于全面加强应急

管理工作的意见》(国发〔2006〕24 号)，进一步加强企业应急管理工作，现提出如下意见：

一、明确企业应急管理的工作目标

（一）各级各类生产经营企业在 2007 年底前全面完成应急预案编制工作；建立健全企业应急管理组织体系，把应急管理纳入企业管理的各个环节；形成上下贯通、多方联动、协调有序、运转高效的企业应急管理机制；建立起训练有素、反应快速、装备齐全、保障有力的企业应急队伍；加强企业危险源监控，实现企业突发公共事件预防与处置的有机结合；政府有关部门完善相关法规和政策措施；企业应对事故灾难、自然灾害、公共卫生事件和社会安全事件的能力得到全面提高。

要义理解

预案企业个个有，
改进须从有到优。
定量目标实现易，
质量上乘不易求。

二、健全组织体系和工作机制

（二）建立健全企业应急管理组织体系。大型企业要设置或明确应急管理领导机构和办事机构，配备专职或兼职人员开展应急管理工作，形成企业主要领导全面负责、分管领导具体负责、有关部门分工负责、群团组织协助配合、相关人员全部参与的应急管理组织体系；矿山、建筑施工企业和易燃易爆物品、危险化学品、放射性物品等危险物品的生产、经营、储运企业(以下简称高危行业企业)要设置或指定应急管理办事机构，配备应急管理人员。其他各类企业也要在企业负责人的领导下组织开展自身应急管理工作。

（三）完善企业应急联动机制。县级人民政府要全面掌握本行政区域内的高危行业企业分布、企业重点危险源、应急队伍、救援基地、应急物资、道路交通等基本情况，加强与企业联系，组织建立政府与企业、企业与企业、企业与关联单位之间的应急联动机制，形成统一指挥、相互支持、密切配合、协同应对各类突发公共事件的合力，协调有序地开展应急管理工作。中央企业要加强与其所在地县级人民政府有关部门的沟通衔接，主动接受安全生产监管，发生突发公共事件后要及时报告有关情况，发布预警信息。

三、推进预案体系建设和管理

(四) 编制完善企业预案。应急预案是企业应急管理工作的主线。各企业要针对本企业的风险隐患特点，以编制事故灾难应急预案为重点，并根据实际需要编制其他方面的应急预案。预案内容要简明、管用、注重实效，有针对性和可操作性。生产企业要在预案中明确可能发生事故的具体应对措施。地方政府和有关部门要重点加强对非公有制企业、中小企业、高危行业企业、安全生产状况较差企业、产生或经营危险废弃物的企业和改革重组改制企业的指导，明确预案编制要求，制订编制指南或预案范本，提高预案质量。

(五) 加强企业预案管理。建立企业预案的评估管理、动态管理和备案管理制度。各企业要根据有关法律、法规、标准的变动情况，应急预案演练情况，以及企业作业条件、设备状况、产品品种、人员、技术、外部环境等不断变化的实际情况，及时评估和补充修订完善预案。企业应急预案按照“分类管理、分级负责”的原则报当地政府主管部门和上级单位备案，并告知相关单位。备案管理单位要加强对预案内容的审查，实现预案之间的有机衔接。

(六) 开展多种形式的预案演练。各企业要从实际出发，有计划地组织开展预案演练工作。高危行业企业要针对生产事故易发环节，每年至少组织开展一次预案演练。要加强对演练情况的总结分析，及时发现问题，不断改进应急管理工作。有关部门要加强对企业预案演练的指导，并组织高危行业企业开展联合演练，促进各单位的协调配合和职责落实。

四、加强企业应急队伍和基地建设

（七）加强企业专兼职队伍和职工队伍建设。按照专业救援和职工参与相结合、险时救援和平时防范相结合的原则，建设专业队伍为骨干、兼职队伍为辅助、职工队伍为基础的企业应急队伍体系。大中型高危行业企业要根据有关法律法规建立专业的应急救援队伍；小型高危行业企业要建立兼职的应急救援队伍，并与有关专业应急队伍建立合作、联动机制；其他企业应根据需要指定专职或兼职应急救援人员。对已经建有专兼职消防队的企业，其应急救援队伍应当依托已有的专兼职消防队组建。涉及高危行业的中央企业都要建立起现代化、专业化、高技术水准的救援队伍。各企业要切实抓好应急队伍的训练和管理，加强对职工应急知识、技能的培训。特别是安全生产关键责任岗位的职工，不仅要熟练掌握生产操作技术，更要掌握安全操作规范和安全生产事件的处置方法，增强自救互救和第一时间处置突发事件的能力。签订救援协议的专业应急救援队伍要定期协助协议企业排查事故隐患，熟悉救援环境，开展技术咨询和服务，协议企业应予以积极配合和支持。充分发挥专家对企业应急预案编制、应急演练、应急处置等工作的指导作用，提高企业应急管理水平。

（八）加强企业应急救援基地建设。大型矿山、石化、民航、铁路、水上运输、核工业企业要充分发挥组织优势、技术优势、人才优势，建设专业特色突出、布局配置合理的应急救援基地，并在做好本企业应急救援工作的同时，参与社会应急救援工作。具备条件的中央企业要率先建立一批管理规范、装备先进适用、信息畅通、处置能力强的区域应急救援基地，承担起一定区域内的重大抢险救灾任务。有关部门要加强与相关地方的沟通，做好救援基地规划布局和组织建设工作，建立有效的全国救援基地信息沟通渠道。地方政府要加强对应急救援基地建设的支持，充分发挥救援基地在区域救援方面的重要作用。

五、做好隐患排查监管和应急处置工作

(九) 开展企业隐患排查监管。各企业要组织力量，重点针对企业生产场所、危险建(构)筑物以及企业周边环境等认真开展隐患排查，全面分析可能造成的灾害及衍生灾害。对查出的隐患及时治理整改，制订切实可行的整改方案，并采取可靠的安全保障措施。对隐患较大的要采取停产、停业整顿或停止使用等措施，防止发生突发事件。对重大危险源应当登记建档，进行定期检测、评估，实时监控，并告知从业人员和相关人员在紧急情况下应当采取的应急措施。改革重组改制企业要特别重视矛盾纠纷和其他影响社会安全的隐患的排查化解工作，防范发生群体性事件。有关部门要加强隐患标准的制订、完善工作，加强督促检查。

(十) 做好突发公共事件的处置工作。突发公共事件发生后，企业应立即启动相关应急预案，组织开展先期处置，并按照分级标准迅速向地方政府及有关部门报告。对溢流、井喷、危险化学品泄漏、放射源失控等可能对周边群众和环境产生危害的突发公共事件，企业要在第一时间向地方政府报告有关情况，并及时向可能受到影响的单位、职工、群众发出预警信息。要控制事故发展态势，标明危险区域，组织、协助应急救援队伍和工作人员救助受害人员，疏散、撤离、安置受到威胁的人员，并采取必要措施防止发生次生、衍生事件。地方政府要按照相关预案要求，加强对应急处置的指挥领导，组织开展救援和群众疏散工作。有关单位要按照地方政府的统一要求，做好各项救援措施的衔接和配合。应急处置工作结束后，各企业应尽快组织恢复生产、生活秩序，消除环境污染，并加强事后评估，完善各项措施。

六、强化企业应急管理职责分工和相关政策措施

(十一) 明确和落实企业应急管理责任。企业对自身应急管理工作负责，按照条块结合、属地为主的原则，在政府的领导下和有关部门的监督指导下开展应急管理工作。安全生产是企业应急管理工作的重点，安全生产监管部门和其他负有安全生产监管职责的部门按照现有职责分工，进一步加强监管工作。其他有关部门各司其职，监督指导有关企业预防和应对其他各类突发公共事件。国有资产监督管理机构按照出资人职责，负责督促监管企业落实应急管理方针政策，把监管企业安全生产工作纳入考核内容，对监管企业应急预案的制订和落实情况开展检查。各级政府应急管理办事机构负责综合指导、协调企业应急管理工作。各有关部门要按照职责分工，针对不同行业的企业、大型企业与中小型企业、国有企业与民营企业、内资企业与外资企业等不同类型企业在应急管理工作中的不同特点，加强对企业应急管理的分类指导。建立激励约束机制，对应急管理工作中表现突出的企业和个人给予表彰或奖励，对不履行职责引起事态扩大、造成严重后果的责任人要依法追究责任。

（十二）企业要加大投入力度。企业应急能力建设是企业安全生产和企业长远发展的保障。各企业要加大对应急能力建设的投入力度，着力解决制约企业应急管理的关键问题，使人力、物力、财力等生产要素适应应急管理工作的要求，做到应急管理与企业发展同步规划、同步实施、同步推进。要切实加大对应急物资的投入，制订应急物资保障方案，重点加强防护用品、救援装备、救援器材的物资储备，做到数量充足、品种齐全、质量可靠。加快新技术、新工艺和新设备的应用，改善企业安全生产条件，提高防灾减灾能力。针对企业应急管理的重点和难点问题，加强与有关科研院所的联合攻关。有条件的企业要加强应急管理的信息化建设，配备必要的设备，逐步实现与有关部门数据信息的互联互通。高危行业企业要安排应急专项资金，用于隐患排查整改、危险源监控、应急队伍建设、物资设备购置、应急预案演练、应急知识培训和宣传教育等工作。

（十三）制定完善相关政策。建立和完善政府应急准备金制度，对处置企业突发公共事件等给予必要支持。进一步落实企业强制性提取安全费用、交纳安全生产风险抵押金、提高事故伤亡赔偿标准的政策措施。研究制定征用补偿政策，完善对企业物资合理征用的补偿办法。研究制定相关政策措施，加强先进适用技术、装备的研发和应用，加快形成具有自主知识产权的应急技术和产品，扶持应急产业发展。建立完善企业应急队伍有偿服务机制，对企业应急救援队伍参与社会救援的经费支出予以相应补偿，鼓励和支持企业参与社会救援。充分发挥保险在突发公共事件预防、处置和恢复重建等方面的作用，大力推进高危行业企业的意外伤害保险和责任保险制度建设，完善对专职和兼职救护队员的工伤保险制度。

要义理解

此文研读多真谛，
原理科学操作实。
时移不易生命力，
一张蓝图干到底。

四、国务院办公厅关于加强基层应急管理工作的意见

（国办发〔2007〕52号）

二、基层组织和单位应急管理工作的重点任务

（一）做好隐患排查整改。基层组织和单位是隐患排查监控工作的责任主体，要结合实际，对各类危险源、危险区域和因素以及社会矛盾纠纷等进行全面排查。对排查出的隐患，要认真进行整改，并做到边查边改。对短期内可以完成整改的，要立即采取有效措施消除隐患；对情况复杂、短期内难以完成整改的，要

制订切实可行的应急预案并限期整改，同时做好监控和应急准备工作；对自身难以完成整改的，应当及时向县级人民政府或有关部门报告。要建立有关隐患排查信息数据库，并根据有关应急预案规定的分级标准，实行分类分级管理和动态监控。

要义理解

隐患若未改完，
防范须有预案。

（三）加强先期处置和协助处置。突发公共事件发生后，基层组织和单位要立即组织应急队伍，以营救遇险人员为重点，开展先期处置工作；要采取必要措施，防止发生次生、衍生事故，避免造成更大的人员伤亡、财产损失和环境污染；要及时组织受威胁群众疏散、转移，做好安置工作。基层群众要积极自救、互救，服从统一指挥。当上级政府、部门和单位负责现场指挥救援工作时，基层组织和单位要积极配合，做好现场取证、道路引领、后勤保障、秩序维护等协助处置工作。

要义理解

先期处置争分夺秒，
化解险情事半功倍。

四、加强领导，保障基层应急管理工作顺利推进

（二）建立健全应急联动机制。县、乡级人民政府要充分整合本行政区域内的各种应急资源，组织建立政府及其有关部门、基层组织、基层企事业单位以及上级救援机构之间的应急联动机制，明确应急管理各环节主管部门、协作部门、参与单位及其职责，实现预案联动、信息联动、队伍联动、物资联动。同时，要充分发挥工会、共青团、妇联、红十字会、社区业主委员会等组织及志愿者在基层应急管理中的重要作用，形成基层应急管理的合力。

要义理解

不怕不行动，就怕不联动。

（四）发挥新闻舆论的作用。县、乡级人民政府及其有关部门、单位要提高正确引导舆论的工作水平。突发公共事件发生后，应急处置指挥机构要尽快安排有关部门在第一时间发布准确、权威信息，正确引导新闻舆论，稳定公众情绪，防止歪曲事实、恶意炒作，克服或及时消除可能引发的不良影响。应急救援工作结束后，要认真总结经验教训，对舆论反映的客观问题要深查原因，切实整改。要组织新闻媒体积极宣传报道典型人物和先进事迹，形成全社会关心、理解、支持、参与应急管理工作的良好舆论氛围。

要义理解

纸里包不住火，
该说主动去说。

五、国家安全监管总局办公厅关于印发生产经营单位生产安全事故应急预案评审指南（试行）的通知

（安监总厅应急〔2009〕73号）

生产经营单位生产安全事故应急预案评审指南(试行)

为了贯彻实施《生产安全事故应急预案管理办法》(国家安全监管总局令第17号)，指导生产经营单位做好生产安全事故应急预案(以下简称应急预案)评审工作，提高应急预案的科学性、针对性和实效性，依据《生产经营单位安全生产事故应急预案编

制导则》(以下简称《导则》)，编制本指南。

一、评审方法

应急预案评审采取形式评审和要素评审两种方法。形式评审主要用于应急预案备案时的评审，要素评审用于生产经营单位组织的应急预案评审工作。应急预案评审采用符合、基本符合、不符合三种意见进行判定。对于基本符合和不符合的项目，应给出具体修改意见或建议。

(一) 形式评审。依据《导则》和有关行业规范，对应急预案的层次结构、内容格式、语言文字、附件项目以及编制程序等内容进行审查，重点审查应急预案的规范性和编制程序。应急预案形式评审的具体内容及要求，见附件1。

(二) 要素评审。依据国家有关法律法规、《导则》和有关行业规范，从合法性、完整性、针对性、实用性、科学性、操作性和衔接性等方面对应急预案进行评审。为细化评审，采用列表方式分别对应急预案的要素进行评审。评审时，将应急预案的要素内容与评审表中所列要素的内容进行对照，判断是否符合有关要求，指出存在问题及不足。应急预案要素分为关键要素和一般要素。应急预案要素评审的具体内容及要求，见附件2、附件3、附件4、附件5。

关键要素是指应急预案构成要素中必须规范的内容。这些要素涉及生产经营单位日常应急管理及应急救援的关键环节，具体包括危险源辨识与风险分析、组织机构及职责、信息报告与处置和应急响应程序与处置技术等要素。关键要素必须符合生产经营单位实际和有关规定要求。

一般要素是指应急预案构成要素中可简写或省略的内容。这些要素不涉及生产经营单位日常应急管理及应急救援的关键环节，具体包括应急预案中的编制目的、编制依据、适用范围、工作原则、单位概况等要素。

二、评审程序

应急预案编制完成后，生产经营单位应在广泛征求意见的基础上，对应急预案进行评审。

(一) 评审准备。成立应急预案评审工作组，落实参加评审的单位或人员，将应急预案及有关资料在评审前送达参加评审的单位或人员。

(二) 组织评审。评审工作应由生产经营单位主要负责人或主管安全生产工作的负责人主持，参加应急预案评审人员应符合《生产安全事故应急预案管理办法》要求。生产经营规模小、人员少的单位，可以采取演练的方式对应急预案进行论证，必要时应邀请相关主管部门或安全管理人员参加。应急预案评审工作组讨论并提出会议评审意见。

(三) 修订完善。生产经营单位应认真分析研究评审意见，按照评审意见对应急预案进行修订和完善。评审意见要求重新组织评审的，生产经营单位应组织有关部门对应急预案重新进行评审。

(四) 批准印发。生产经营单位的应急预案经评审或论证，符合要求的，由生产经营单位主要负责人签发。

三、评审要点

应急预案评审应坚持实事求是的工作原则，结合生产经营单位工作实际，按照《导则》和有关行业规范，从以下七个方面进行评审。

(一) 合法性。符合有关法律、法规、规章和标准，以及有关部门和上级单位规范性文件要求。

(二) 完整性。具备《导则》所规定的各项要素。

(三) 针对性。紧密结合本单位危险源辨识与风险分析。

(四) 实用性。切合本单位工作实际，与生产安全事故应急处置能力相适应。

(五) 科学性。组织体系、信息报送和处置方案等内容科学合理。

（六）操作性。应急响应程序和保障措施等内容切实可行。

（七）衔接性。综合、专项应急预案和现场处置方案形成体系，并与相关部门或单位应急预案相互衔接。

要义理解

抓住评审“七个性”，
若能符合质上乘。

六、国务院办公厅关于加强基层应急队伍建设的意见

（国办发〔2009〕59号）

基层应急队伍是我国应急体系的重要组成部分，是防范和应对突发事件的重要力量。多年来，我国基层应急队伍不断发展，在应急工作中发挥着越来越重要的作用。但是，各地基层应急队伍建设中还存在着组织管理不规范、任务不明确、进展不平衡等问题。为贯彻落实突发事件应对法，进一步加强基层应急队伍建设，经国务院同意，提出如下意见：

一、基本原则和建设目标

（一）基本原则。坚持专业化与社会化相结合，着力提高基层应急队伍的应急能力和社会参与程度；坚持立足实际、按需发展，兼顾县乡级政府财力和人力，充分依托现有资源，避免重复建设；坚持统筹规划、突出重点，逐步加强和完善基层应急队伍建设，形成规模适度、管理规范的基层应急队伍体系。

（二）建设目标。通过三年左右的努力，县级综合性应急救援队伍基本建成，重点领域专业应急救援队伍得到全面加强；乡镇、街道、企业等基层组织和单位应急救援队伍普遍建立，应急志愿服务进一步规范，基本形成统一领导、协调有序、专兼并存、优势互补、保障有力的基层应急队伍体系，应急救援能力基

本满足本区域和重点领域突发事件应对工作需要，为最大程度地减少突发事件及其造成的人员财产损失、维护国家安全和社会稳定提供有力保障。

三、完善基层专业应急救援队伍体系

（四）加强矿山、危险化学品应急救援队伍建设。煤矿和非煤矿山、危险化学品单位应当依法建立由专职或兼职人员组成的应急救援队伍。不具备单独建立专业应急救援队伍的小型企业，除建立兼职应急救援队伍外，还应当与邻近建有专业救援队伍的企业签订救援协议，或者联合建立专业应急救援队伍。应急救援队伍在发生事故时要及时组织开展抢险救援，平时开展或协助开展风险隐患排查。加强应急救援队伍的资质认定管理。矿山、危险化学品单位属地县、乡级人民政府要组织建立队伍调运机制，组织队伍参加社会化应急救援。应急救援队伍建设及演练工作经费在企业安全生产费用中列支，在矿山、危险化学品工业集中的地方，当地政府可给予适当经费补助。

要义理解

矿山、危险化学品工业集中，风险就大，救援任务也重，政府适当补助经费，加强救援队伍能力建设，力保一方平安，合情合理，长效之计，特别是企业经营困难时，更应加大补助力度。

七、国务院关于进一步加强企业安全生产工作的通知

（国发〔2010〕23号）

二、严格企业安全管理

4. 及时排查治理安全隐患。企业要经常性开展安全隐患排查，并切实做到整改措施、责任、资金、时限和预案“五到位”。

建立以安全生产专业人员为主导的隐患整改效果评价制度，确保整改到位。对隐患整改不力造成事故的，要依法追究企业和企业相关负责人的责任。对停产整改逾期未完成的不得复产。

要义理解

隐患整改不完，制定预案防范。

三、建设坚实的技术保障体系

9. 强制推行先进适用的技术装备。煤矿、非煤矿山要制定和实施生产技术装备标准，安装监测监控系统、井下人员定位系统、紧急避险系统、压风自救系统、供水施救系统和通信联络系统等技术装备，并于 3 年之内完成。逾期未安装的，依法暂扣安全生产许可证、生产许可证。运输危险化学品、烟花爆竹、民用爆炸物品的道路专用车辆，旅游包车和三类以上的班线客车要安装使用具有行驶记录功能的卫星定位装置，于 2 年之内全部完成。

五、建设更加高效的应急救援体系

16. 建立完善企业安全生产预警机制。企业要建立完善安全生产动态监控及预警预报体系，每月进行一次安全生产风险分析。发现事故征兆要立即发布预警信息，落实防范和应急处置措施。对重大危险源和重大隐患要报当地安全生产监管监察部门、负有安全生产监管职责的有关部门和行业管理部门备案。涉及国家秘密的，按有关规定执行。

17. 完善企业应急预案。企业应急预案要与当地政府应急预案保持衔接，并定期进行演练。赋予企业生产现场带班人员、班组长和调度人员在遇到险情时第一时间下达停产撤人命令的直接决策权和指挥权。因撤离不及时导致人身伤亡事故的，要从重追究相关人员的法律责任。

要义理解

风险分析常态化，
预警发布快速化，
决策指挥现场化。

八、国务院安委会办公室关于贯彻落实国务院《通知》精神 进一步加强安全生产应急救援体系建设的实施意见

(安委办〔2010〕25号)

二、进一步加强安全生产应急救援队伍体系建设

(三) 大力加强危险化学品和油气田应急救援队伍体系建设。

1. 加快推进依托大型石化、石油企业建设国家(区域)危险化学品和油气田应急救援队的步伐。要在原来规划的基础上，争取国家支持，政企共同出资，依托现有中央石化、石油企业的应急救援队，建设6个国家危险化学品应急救援队、14个区域危险化学品应急救援队、7个区域油气田应急救援队和1个危险化学品应急救援技术咨询中心。要进一步加大投入，配备危险化学品和油气田方面相应特种专业救援装备，切实提高应急救援能力。

4. 加强企业危险化学品应急救援队建设。所有大中型危险化学品企业都要依法按照相关标准建立专业应急救援队；不具备建立专职救援队条件的其他危险化学品企业，必须建立兼职救援队；没有建立专职应急救援队的企业必须与邻近的具备相应能力的专业救援队签订应急救援协议。

要义理解

要么自己建，
要么别人帮。
不管建与帮，
能力应相当！

三、进一步加强安全生产应急管理(救援指挥)体系建设

(六)加强企业安全生产应急管理(救援指挥)机构建设。大中型企业必须建立健全安全生产应急管理(救援指挥)机构。高危行业企业要设置或指定安全生产应急工作办事机构，配备专职应急工作人员，具体负责本企业的安全生产应急工作。其他各类企业要确定机构或人员负责安全生产应急工作。

要义理解

有头无腿不走路，
有帅无兵不成军。
组织机构若缺失，
工作永远别想顺。

(八) 进一步完善安全生产应急救援工作机制。

1. 企业要全面建立健全安全生产动态监控及预报预警机制，做好安全生产事故防范和预报预警工作，做到早防御、早响应、早处置。同时，要建立重大危险源管理制度，明确操作规程和应急处置措施，实施不间断的监控。要按照国家有关规定实行重大危险源和重大隐患及有关应急措施备案制度，每月至少要进行一次全面的安全生产风险分析，加强重点岗位和重点部位监控，发现事故征兆要立即发布预警信息，采取有效防范和处置措施，防止事故发生和事故损失扩大。要积极探索与当地政府相关部门和周边企业建立应急联动机制，切实提高协同应对事故灾难的能力。

四、进一步加强安全生产应急预案体系建设

(九)要切实做到安全生产应急预案全覆盖。

企业都要有应急预案，并做到所有重大危险源和重点工作岗位都有专项应急预案或现场处置方案。应急处置程序和现场处置方案要实行牌板化管理。预案中要明确规定在遇到险情时，企业生产现场带班人员、班组长和调度人员具有第一时间下达停产撤人命令的直接决策权和指挥权。

各地要根据本地区实际情况，制定生产安全事故应急预案。各级安全监管部门和其他负有安全监管职责的有关部门要制定部门应急预案。安全生产应急工作机构要全面掌握各类应急预案、队伍和资源情况，通过应急预案审查和备案，促进相关应急预案间的衔接。

(十) 切实提高安全生产应急预案质量。

企业应急预案的编制要做到全员参与，使预案的制定过程成为隐患排查治理的过程和全员应急知识培训教育的过程。与此同时，要加强应急预案管理，适时修订完善应急预案，组织专家进行评审或论证，按照有关规定将应急预案报当地政府和有关部门备案，并与当地政府和有关部门应急预案相互衔接。

各级安全监管部门和有关部门要加强对应急预案工作的监督管理，依法将应急预案作为行业准入的必要条件。矿山企业、建筑施工企业和危险化学品、烟花爆竹、民用爆炸物品生产企业没有生产安全事故应急预案或预案未通过专家评审的，或重大危险源没有检测、评估、监控措施及应急预案的，不得颁发安全生产许可证。

(十一) 切实开展好安全生产应急演练和培训工作。

1. 企业要建立应急演练制度，每年都要结合本企业特点至少组织一次综合应急演练或专项应急演练；高危行业企业每半年至少组织一次综合或专项应急演练；车间(工段)、班组的应急演练要经常化。演练结束后要及时总结评估，针对发现的问题及时修订预案、完善应急措施。

2. 其他各级负有安全监管职责的有关部门每年要至少组织一次针对本行业(领域)主要特点和易发生事故环节的专业应急演练或综合性演练。

3. 各级安全监管部门要结合本地区工作实际，会同有关部门，每年至少组织一次安全生产应急演练。

4. 在搞好预案演练的同时，加强应急培训，提高企业各级管理人员和全体员工的应急意识和应急处置、避险、逃灾、自救、互救能力。

五、进一步加强安全生产应急救援装备和保障能力建设

(十二)大力加强安全生产应急平台体系建设。

1. 企业要充分利用和整合调度指挥、监测监控、办公自动化系统等现有信息系统建立应急平台。要建立健全应急预案、重大危险源和各类应急资源的数据库，实现快速预警研判、科学决策指挥，并与地方政府和有关部门应急平台互联互通。

要义理解

应急平台好，指挥威力高。
运行要长效，顶层设计好。

(十三) 大力加强安全生产应急救援装备和物资储备体系建设。

1. 企业要针对本企业事故特点加大应急救援装备及物资储备力度，尤其是重点工艺流程中应急物料、应急器材、应急装备和物资的准备。

要义理解

工艺差异只一点，
应急处置大不同。
物料器材与装备，
配对储足保安宁！

九、国家安全监管总局关于加强科学施救提高生产安全事故灾难应急救援水平的指导意见

（安监总应急〔2012〕147号）

各省、自治区、直辖市及新疆生产建设兵团安全生产监督管理局，各省级煤矿安全监察局，有关中央企业：

近年来，在党中央、国务院的坚强领导下，在各地区、各有关部门和单位的共同努力下，安全生产应急管理体制、机制、法制建设得到加强，应急预案体系不断完善，应急救援队伍建设取得重要进展，支撑保障体系建设加快推进，生产安全事故(以下简称事故)灾难应急救援工作取得了显著成绩。但是，安全生产应急救援工作仍面临一些亟待解决的问题，信息化工作进展缓慢、应急资源仍显分散、基层基础尚不牢固，盲目施救造成事故扩大的情况时有发生。为加强科学施救，提高事故灾难应急救援能力，进一步减少事故灾难造成的人员伤亡和财产损失，促进全国安全生产形势持续稳定好转，现提出以下意见：

一、总体要求

（一）总体要求。全面贯彻十八大精神，以邓小平理论、“三个代表”重要思想和科学发展观为指导，深入贯彻落实安全发展战略，牢固树立以人为本、生命至上的救援理念，以加强科学施救、提高救援能力为目标，以安全生产应急管理信息化建设和队伍装备建设为重点，进一步完善工作机制、夯实基层基础、提升装备水平，切实做到决策科学、指挥有力、组织有序、救援有效。

要义理解

以人为本、生命至上的救援理念，从根本上确定了救人是救援第一要务和基本原则。

科学施救有两个基本含义：一是首先确保救援人员安全，杜绝因保护措施不到位，盲目施救，造成救援人员伤亡。二是采用科学的技术和方法，杜绝因方法错误把小险救成大难。

二、强化安全生产应急管理信息化建设，提高科学决策能力

（二）加强安全生产应急平台体系建设。各级安全监管监察部门和有关中央企业要按照《国家安全监管总局关于进一步加强安全生产应急平台体系建设的意见》（安监总应急〔2012〕114 号）提出的目标任务和要求，依据相关标准与规范，结合本地区、本单位安全生产应急平台体系建设现状，加强组织领导，加大投入力度，加强资源整合，深入推进省（区、市）、市（地）、重点县（市、区）和高危行业中央企业、地方大中型企业以及国家级安全生产应急救援队伍安全生产应急平台建设，早日实现互联互通和信息共享。

（三）加强安全生产应急资源数据库建设。各级安全监管监察部门和有关中央企业要根据国家安全监管总局的统一部署，认真组织开展安全生产应急资源普查，按时充实和完善安全生产应急资源数据库。同时，要以安全生产应急资源普查工作成果为基础，建立数据维护和更新的长效机制，建立健全数据共享、调用的协调机制，确保信息资源的安全性、时效性和准确性。同时，通过安全生产应急资源普查，深入分析本地区、本企业应急准备工作中存在的薄弱环节，及时加以解决。

（四）加强安全生产应急平台应用工作。各级安全监管监察部门和有关中央企业在加快完善安全生产应急平台体系的同时，要加强应急平台日常应用，充分发挥其自动化、智能化的功能特点，将其作为业务处理、工作协调、调度指挥等工作的基本手段，切实提升安全生产应急管理信息化水平。要全面开展安全生产应急平台综合业务、应急保障、模拟演练、监测预警、方案编制和指挥协调系统的应用，不断改进工作流程，完善工作机制，提高工作效率。要围绕安全生产应急平台应用，充分发挥视频会议系统、卫星通信系统的作用，实现远程会商和指挥，提高事故灾难救援决策的科学性和时效性。

三、强化安全生产应急救援队伍装备建设，提高救援保障能力

(五) 完善安全生产应急救援体系。各级安全监管监察部门和有关中央企业要学习借鉴国家矿山应急救援队示范建设经验，积极推动国家(区域)矿山、危险化学品应急救援队和中央企业应急救援队伍项目建设，继续加快地方特别是矿山、化工产业聚集区骨干应急救援队伍建设步伐，推动高危行业企业尤其是中小微企业专兼职应急救援队伍建设。同时，要积极配合有关部门推进公路交通、铁路交通、水上搜救、船舶溢油、建筑施工、电力、旅游等行业领域国家级应急救援基地和队伍建设，配合各地公安消防部队加强综合应急救援队伍建设，基本实现安全生产应急救援力量在全国重要区域、行业领域全覆盖。

(六) 提高安全生产应急救援队伍技战术水平。各级安全监管监察部门和有关中央企业要加强事故救援技术、战术研究，科学制定救援技术和战术训练科目并认真组织训练，提高应急救援队伍专业化水平。要加强对矿山、危险化学品等重点行业领域地方骨干安全生产应急救援队伍建设的指导，明确其组织管理、人员配备、装备设施等标准，提高应急救援队伍标准化水平。同时，地方各级各类安全生产应急救援队伍要积极开展质量标准化达标活动和准军事化建设工作，通过开展理论学习，加强专业训练，参加技术竞赛和救援实践等活动，锻炼过硬作风，提高指挥员的组织指挥和专业救援能力，提高救援队员的技能水平和装备操作能力。

（七）完善安全生产应急救援装备和物资体系。各级安全监管监察部门和有关中央企业要结合本地区、本企业安全生产应急救援队伍建设实际，科学制定地方各级安全生产应急救援队伍装备配备标准，推动各类生产经营单位尤其是小煤矿、小非煤矿山合理配置各类应急救援装备。同时，要建立健全安全生产应急救援物资储备制度，依托国家(区域)、骨干安全生产应急救援队伍以及有关企业、单位，储备必要的救援物资和救援物资生产能力，提高应急救援物资尤其是大型成套应急救援装备的储备水平。有条件的地区要专门设立安全生产应急救援物资储备库，加强对储备物资的动态管理，保证及时补充和更新。暂时没有条件建立储备库的，要与相关装备设施拥有单位建立协调机制，确保能够紧急调用，保障事故灾难应急处置需要。

四、完善安全生产应急工作机制，提高组织指挥能力

（八）完善安全生产应急响应机制。生产经营单位要继续强化事故现场处置，赋予生产现场带班人员、班组长和调度人员直接决策权和指挥权，使其在遇到险情或事故征兆时能立即下达停产撤人命令，组织涉险区域人员及时、有序撤离到安全地点，减少事故造成的人员伤亡。事故发生后，事故单位在组织专兼职救援队伍抢救的同时，要立即向当地政府及其有关部门报告。各级安全监管监察部门要进一步建立健全应急值守工作制度，坚持24小时值班制度和节假日领导干部到岗值班制度，明确事故救援信息、自然灾害预警信息和其他相关信息的接报处置程序和工作要求。要强化地方各级人民政府在第一时间组织开展应急救援和处置工作的责任，进一步完善应急预案和响应程序，确保事故状态下能迅速形成救援能力。

要义理解

先期处置到位，科学救援之本。

（九）完善应急联动机制。各级安全监管监察部门要在同级安全生产委员会框架下，建立健全联合应对事故灾难的工作机制。加强与国土、水利、地震、气象、海洋、测绘等部门和单位的沟通与协作，进一步完善自然灾害引发事故预警工作机制。加强与公安、建设、交通、铁路、农业、质检、旅游、电力、民航、部队、武警等部门和单位的协作与配合，建立健全重特大事故应急救援交通保障机制和指挥协调机制，确保各类应急救援物资快速运抵事故现场，做到反应灵敏、协调有序、运转高效。加强与矿山医疗救护单位及卫生部门的协作与配合，建立健全院前急救工作机制，使受伤人员在第一时间得到有效救治，最大限度减少人员伤亡和伤残。加强与周边省份的区域联动协作，联合防范、联合应对重特大事故灾难。

（十）完善安全生产应急救援队伍和装备调用机制。各级安全监管监察部门要进一步完善地方各级安全生产应急救援队伍和装备调用机制，确保能精确查询和准确调度所需的应急救援队伍和装备，并保证与事故救援现场需要相匹配，实现快速调集、快速安装、快速运转，迅速形成救援能力。同时，要建立健全地方各级各类安全生产应急救援队伍协调协作机制，经常性地组织开展联合培训和演练，充分发挥同一地区安全生产应急救援队伍的整体作用，形成有效应对处置各类事故的合力。有关中央企业要按照“应急联动、协同配合、取长补短、共同应对”的原则，建立同行业领域企业间协调协作机制，充分整合和优化配置同一地区、同一行业领域的应急资源，加大事故状态下互相支持力度，提高重特大事故应对处置能力。

（十一）规范事故救援现场管理。各级安全监管监察部门和有关中央企业要按照“统一指挥、属地为主、科学施救”的原则，进一步规范事故救援现场管理。生产经营单位发生事故或险情时，主要负责人应当立即组织抢救，防止事故扩大。事发地人民政府要根据事故分级和相应的应急预案，在第一时间组建应急救援指挥部，调取事故单位图纸、工艺等相关资料，组织开展应急救援和处置工作。要明确参与各方在事故应急救援和处置过程中的职责和任务，充分发挥事故单位专业技术人员和熟悉同类事故灾害并有实践经验的救援专家的作用，划定适当的警戒隔离区域，调集相应的应急救援装备和人员，落实救援人员的安全防护措施，制定科学的救援方案和安全措施，快速展开应急救援行动。

（十二）加强事故救援的总结评估工作。各级安全监管监察部门、有关中央企业以及各级各类安全生产应急救援队伍要重视并加强对每次救援行动的总结评估工作，珍惜用生命代价取得的宝贵经验和深刻教训，典型事故救援要形成案例，广泛交流借鉴。要通过总结评估事故背景及应急处置过程，总结经验、分析不足，提出相关工作建议。同时，要加强安全生产应急管理统计分析工作，提高统计分析质量，强化趋势预测分析，提高工作的前瞻性和主动性。

五、夯实安全生产应急管理基层基础工作，提高预警预防能力

（十三）加强重大危险源监测监控及预警预报工作。以“强化源头治理，实现动态管理”为目标，组织开展重大危险源普查登记、分级分类、检测检验和安全评估工作。生产经营单位要按照有关规定对重大危险源进行辨识、评估，结合生产工艺和事故风险，建立健全基于过程控制系统、安全仪表系统、灾害报警系统的监测预报系统，科学合理地设置监测预报参数，并结合系统数据异常情况进行事故风险评估和预报。各级安全监管监察部门要在重大危险源普查登记的基础上，按照“分级监控、实时预警”的原则，逐步建立重大危险源监控预警信息系统，对重大危险源及其周边区域实施动态监控。一旦重大危险源发生事故，要立即向事故区域发出预警，迅速疏散危险区域有关人员，调动应急力量快速处置，做到提前预警、提前防范、提前处置。

（十四）加强应急预案与演练工作。各级安全监管监察部门要认真分析本地区面临的主要事故风险，按照简明扼要、管用有效的原则及时优化本部门应急预案，为快速处置各类事故提供保障。生产经营单位要结合自身生产工艺特点，突出加强重点岗位、重点部位、重要装置现场处置方案编制和优化工作，强化事故初发期的妥善处置，有效控制事故发展扩大。要建立健全应急演练工作制度，广泛开展不同层级、形式多样的应急演练，提高应急意识，掌握处置要点。

（十五）加强高危行业企业相关人员的培训教育。各级安全监管监察部门要加强对企业安全生产应急管理培训计划、培训内容、培训效果的监督检查，督促企业进一步落实安全生产应急管理培训责任制。生产经营单位要制定针对性强、实效明显的安全生产应急管理培训大纲与考核标准，组织制定应急管理培训计划，抓好入职培训、岗位培训、专业培训，强化企业管理人员、从业人员和专兼职救援人员的培训，使其熟练掌握本企业应急处置程序、安全生产规程和自救互救常识，避免盲目指挥、盲目施救。

十、关于印发《企业安全生产费用提取和使用管理办法》的通知

（财资〔2022〕136号）

各省、自治区、直辖市、计划单列市财政厅(局)、应急管理厅(局)，新疆生产建设兵团财政局、应急管理局，各中央管理企业：

为贯彻安全发展新理念，推动企业落实主体责任，加强企业安全生产投入，根据《中华人民共和国安全生产法》等法律法规，我们对 2012 年印发的《企业安全生产费用提取和使用管理办法》进行了修订，现予印发，自印发之日起施行。

执行中如有问题，请及时反馈我部。

附件：企业安全生产费用提取和使用管理办法

财政部　应急部

2022 年 11 月 21 日

附件：

企业安全生产费用提取和使用管理办法

第一章　总　则

第一条　为加强企业安全生产费用管理，建立企业安全生产投入长效机制，维护企业、职工以及社会公共利益，依据《中华人民共和国安全生产法》等有关法律法规和《中共中央 国务院关于推进安全生产领域改革发展的意见》、《国务院关于进一步加强安全生产工作的决定》（国发〔2004〕2 号）、《国务院关于进一步加强企业安全生产工作的通知》（国发〔2010〕23 号）等，制定本办法。

第二条　本办法适用于在中华人民共和国境内直接从事煤炭生产、非煤矿山开采、石油天然气开采、建设工程施工、危险品生产与储存、交通运输、烟花爆竹生产、民用爆炸物品生产、冶金、机械制造、武器装备研制生产与试验（含民用航空及核燃料）、电力生产与供应的企业及其他经济组织（以下统称企业）。

第三条　本办法所称企业安全生产费用是指企业按照规定标准提取，在成本（费用）中列支，专门用于完善和改进企业或者项目安全生产条件的资金。

第四条　企业安全生产费用管理遵循以下原则：

（一）筹措有章。统筹发展和安全，依法落实企业安全生产投入主体责任，足额提取。

（二）支出有据。企业根据生产经营实际需要，据实开支符合规定的安全生产费用。

（三）管理有序。企业专项核算和归集安全生产费用，真实反映安全生产条件改善投入，不得挤占、挪用。

（四）监督有效。建立健全企业安全生产费用提取和使用的内外部监督机制，按规定开展信息披露和社会责任报告。

第五条 企业安全生产费用可由企业用于以下范围的支出：

（一）购置购建、更新改造、检测检验、检定校准、运行维护安全防护和紧急避险设施、设备支出［不含按照“建设项目安全设施必须与主体工程同时设计、同时施工、同时投入生产和使用”（以下简称“三同时”）规定投入的安全设施、设备］；

（二）购置、开发、推广应用、更新升级、运行维护安全生产信息系统、软件、网络安全、技术支出；

（三）配备、更新、维护、保养安全防护用品和应急救援器材、设备支出；

（四）企业应急救援队伍建设（含建设应急救援队伍所需应急救援物资储备、人员培训等方面）、安全生产宣传教育培训、从业人员发现报告事故隐患的奖励支出；

（五）安全生产责任保险、承运人责任险等与安全生产直接相关的法定保险支出；

（六）安全生产检查检测、评估评价（不含新建、改建、扩建项目安全评价）、评审、咨询、标准化建设、应急预案制修订、应急演练支出；

（七）与安全生产直接相关的其他支出。

第二章 企业安全生产费用的提取和使用

第一节 煤炭生产企业

第六条 煤炭生产是指煤炭资源开采作业有关活动。

批准进行联合试运转的基本建设煤矿，按照本节规定提取使用企业安全生产费用。

第七条 煤炭生产企业依据当月开采的原煤产量，于月末提取企业安全生产费用。提取标准如下：

（一）煤（岩）与瓦斯（二氧化碳）突出矿井、冲击地压矿井吨煤50元；

（二）高瓦斯矿井，水文地质类型复杂、极复杂矿井，容易自燃煤层矿井吨煤30元；

（三）其他井工矿吨煤15元；

（四）露天矿吨煤5元。

矿井瓦斯等级划分执行《煤矿安全规程》（应急管理部令第8号）和《煤矿瓦斯等级鉴定办法》（煤安监技装〔2018〕9号）的规定；矿井冲击地压判定执行《煤矿安全规程》（应急管理部令第8号）和《防治煤矿冲击地压细则》（煤安监技装〔2018〕8号）的规定；矿井水文地质类型划分执行《煤矿安全规程》（应急管理部令第8号）和《煤矿防治水细则》（煤安监调查〔2018〕14号）的规定。

多种灾害并存矿井，从高提取企业安全生产费用。

第八条 煤炭生产企业安全生产费用应当用于以下支出：

（一）煤与瓦斯突出及高瓦斯矿井落实综合防突措施支出，包括瓦斯区域预抽、保护层开采区域防突措施、开展突出区域和局部预测、实施局部补充防突措施等两个“四位一体”综合防突措施，以及更新改造防突设备和设施、建立突出防治实验室等支出；

（二）冲击地压矿井落实防冲措施支出，包括开展冲击地压危险性预测、监测预警、防范治理、效果检验、安全防护等防治措施，更新改造防冲设备和设施，建立防冲实验室等支出；

（三）煤矿安全生产改造和重大事故隐患治理支出，包括通风、防瓦斯、防煤尘、防灭火、防治水、顶板、供电、运输等系统设备改造和灾害治理工程，实施煤矿机械化改造、智能化建设，实施矿压、热害、露天煤矿边坡治理等支出；

(四) 完善煤矿井下监测监控、人员位置监测、紧急避险、压风自救、供水施救和通信联络等安全避险设施设备支出，应急救援技术装备、设施配置和维护保养支出，事故逃生和紧急避难设施设备的配置和应急救援队伍建设、应急预案制修订与应急演练支出；

(五) 开展重大危险源检测、评估、监控支出，安全风险分级管控和事故隐患排查整改支出，安全生产信息化建设、运维和网络安全支出；

(六) 安全生产检查、评估评价(不含新建、改建、扩建项目安全评价)、咨询、标准化建设支出；

(七) 配备和更新现场作业人员安全防护用品支出；

(八) 安全生产宣传、教育、培训和从业人员发现并报告事故隐患的奖励支出；

(九) 安全生产适用新技术、新标准、新工艺、煤矿智能装备及煤矿机器人等新装备的推广应用支出；

(十) 安全设施及特种设备检测检验、检定校准支出；

(十一) 安全生产责任保险支出；

(十二) 与安全生产直接相关的其他支出。

第二节　非煤矿山开采企业

第九条　非煤矿山开采是指金属矿、非金属矿及其他矿产资源的勘探作业和生产、选矿、闭坑及尾矿库运行、回采、闭库等有关活动。

第十条　非煤矿山开采企业依据当月开采的原矿产量，于月末提取企业安全生产费用。提取标准如下：

(一) 金属矿山，其中露天矿山每吨 5 元，地下矿山每吨 15 元；

(二) 核工业矿山，每吨 25 元；

(三) 非金属矿山，其中露天矿山每吨 3 元，地下矿山每吨 8 元；

(四) 小型露天采石场，即年生产规模不超过50万吨的山坡型露天采石场，每吨2元。

上款所称原矿产量，不含金属、非金属矿山尾矿库和废石场中用于综合利用的尾砂和低品位矿石。

地质勘探单位按地质勘查项目或工程总费用的2%，在项目或工程实施期内逐月提取企业安全生产费用。

第十一条 尾矿库运行按当月入库尾矿量计提企业安全生产费用，其中三等及三等以上尾矿库每吨4元，四等及五等尾矿库每吨5元。

尾矿库回采按当月回采尾矿量计提企业安全生产费用，其中三等及三等以上尾矿库每吨1元，四等及五等尾矿库每吨1.5元。

第十二条 非煤矿山开采企业安全生产费用应当用于以下支出：

(一) 完善、改造和维护安全防护设施设备(不含“三同时”要求初期投入的安全设施)和重大事故隐患治理支出，包括矿山综合防尘、防灭火、防治水、危险气体监测、通风系统、支护及防治边帮滑坡、防冒顶片帮设备、机电设备、供配电系统、运输(提升)系统和尾矿库等完善、改造和维护支出以及实施地压监测监控、露天矿边坡治理等支出；

(二) 完善非煤矿山监测监控、人员位置监测、紧急避险、压风自救、供水施救和通信联络等安全避险设施设备支出，完善尾矿库全过程在线监测监控系统支出，应急救援技术装备、设施配置及维护保养支出，事故逃生和紧急避难设施设备的配置和应急救援队伍建设、应急预案制修订与应急演练支出；

(三) 开展重大危险源检测、评估、监控支出，安全风险分级管控和事故隐患排查整改支出，机械化、智能化建设，安全生产信息化建设、运维和网络安全支出；

(四) 安全生产检查、评估评价(不含新建、改建、扩建项目安全评价)、咨询、标准化建设支出；

(五) 配备和更新现场作业人员安全防护用品支出;

(六) 安全生产宣传、教育、培训和从业人员发现并报告事故隐患的奖励支出;

(七) 安全生产适用的新技术、新标准、新工艺、智能化、机器人等新装备的推广应用支出;

(八) 安全设施及特种设备检测检验、检定校准支出;

(九) 尾矿库闭库、销库费用支出;

(十) 地质勘探单位野外应急食品、应急器械、应急药品支出;

(十一) 安全生产责任保险支出;

(十二) 与安全生产直接相关的其他支出。

第三节 石油天然气开采企业

第十三条 石油天然气(包括页岩油、页岩气)开采是指陆上采油(气)、海上采油(气)、钻井、物探、测井、录井、井下作业、油建、海油工程等活动。

煤层气(地面开采)企业参照陆上采油(气)企业执行。

第十四条 陆上采油(气)、海上采油(气)企业依据当月开采的石油、天然气产量,于月末提取企业安全生产费用。其中每吨原油20元,每千立方米原气7.5元。

钻井、物探、测井、录井、井下作业、油建、海油工程等企业按照项目或工程造价中的直接工程成本的2%逐月提取企业安全生产费用。工程发包单位应当在合同中单独约定并及时向工程承包单位支付企业安全生产费用。

石油天然气开采企业的储备油、地下储气库参照危险品储存企业执行。

第十五条 石油天然气开采企业安全生产费用应当用于以下支出:

(一) 完善、改造和维护安全防护设施设备支出(不含"三同时"要求初期投入的安全设施),包括油气井(场)、管道、站场、海洋石油生产设施、作业设施等设施设备的监测、监控、防井喷、防灭火、防坍塌、防爆炸、防泄漏、防腐蚀、防颠覆、防漂移、防雷、防静电、防台风、防中毒、防坠落等设施设备支出；

（二）事故逃生和紧急避难设施设备的配置及维护保养支出，应急救援器材、设备配置及维护保养支出，应急救援队伍建设、应急预案制修订与应急演练支出；

（三）开展重大危险源检测、评估、监控支出，安全风险分级管控和事故隐患排查整改支出，安全生产信息化、智能化建设、运维和网络安全支出；

（四）安全生产检查、评估评价（不含新建、改建、扩建项目安全评价）、咨询、标准化建设支出；

（五）配备和更新现场作业人员安全防护用品支出；

（六）安全生产宣传、教育、培训和从业人员发现并报告事故隐患的奖励支出；

（七）安全生产适用的新技术、新标准、新工艺、新装备的推广应用支出；

（八）安全设施及特种设备检测检验、检定校准支出；

（九）野外或海上作业应急食品、应急器械、应急药品支出；

（十）安全生产责任保险支出；

（十一）与安全生产直接相关的其他支出。

第四节 建设工程施工企业

第十六条 建设工程是指土木工程、建筑工程、线路管道和设备安装及装修工程，包括新建、扩建、改建。

井巷工程、矿山建设参照建设工程执行。

第十七条 建设工程施工企业以建筑安装工程造价为依据，于月末按工程进度计算提取企业安全生产费用。提取标准如下：

（一）矿山工程3.5%；

（二）铁路工程、房屋建筑工程、城市轨道交通工程3%；

（三）水利水电工程、电力工程2.5%；

(四) 冶炼工程、机电安装工程、化工石油工程、通信工程2%;

(五) 市政公用工程、港口与航道工程、公路工程1.5%。

建设工程施工企业编制投标报价应当包含并单列企业安全生产费用，竞标时不得删减。国家对基本建设投资概算另有规定的，从其规定。

本办法实施前建设工程项目已经完成招投标并签订合同的，企业安全生产费用按照原规定提取标准执行。

第十八条 建设单位应当在合同中单独约定并于工程开工日一个月内向承包单位支付至少50%企业安全生产费用。

总包单位应当在合同中单独约定并于分包工程开工日一个月内将至少50%企业安全生产费用直接支付分包单位并监督使用，分包单位不再重复提取。

工程竣工决算后结余的企业安全生产费用，应当退回建设单位。

第十九条 建设工程施工企业安全生产费用应当用于以下支出:

(一) 完善、改造和维护安全防护设施设备支出(不含“三同时”要求初期投入的安全设施)，包括施工现场临时用电系统、洞口或临边防护、高处作业或交叉作业防护、临时安全防护、支护及防治边坡滑坡、工程有害气体监测和通风、保障安全的机械设备、防火、防爆、防触电、防尘、防毒、防雷、防台风、防地质灾害等设施设备支出;

(二) 应急救援技术装备、设施配置及维护保养支出，事故逃生和紧急避难设施设备的配置和应急救援队伍建设、应急预案制修订与应急演练支出;

(三) 开展施工现场重大危险源检测、评估、监控支出，安全风险分级管控和事故隐患排查整改支出，工程项目安全生产信息化建设、运维和网络安全支出;

（四）安全生产检查、评估评价（不含新建、改建、扩建项目安全评价）、咨询和标准化建设支出；

（五）配备和更新现场作业人员安全防护用品支出；

（六）安全生产宣传、教育、培训和从业人员发现并报告事故隐患的奖励支出；

（七）安全生产适用的新技术、新标准、新工艺、新装备的推广应用支出；

（八）安全设施及特种设备检测检验、检定校准支出；

（九）安全生产责任保险支出；

（十）与安全生产直接相关的其他支出。

第五节 危险品生产与储存企业

第二十条 危险品生产与储存是指经批准开展列入国家标准《危险货物品名表》（GB 12268）、《危险化学品目录》物品，以及列入国家有关规定危险品直接生产和聚积保存的活动（不含销售和使用）。

危险品运输适用第六节规定。

第二十一条 危险品生产与储存企业以上一年度营业收入为依据，采取超额累退方式确定本年度应计提金额，并逐月平均提取。具体如下：

（一）上一年度营业收入不超过1000万元的，按照4.5%提取；

（二）上一年度营业收入超过1000万元至1亿元的部分，按照2.25%提取；

（三）上一年度营业收入超过1亿元至10亿元的部分，按照0.55%提取；

（四）上一年度营业收入超过10亿元的部分，按照0.2%提取。

第二十二条 危险品生产与储存企业安全生产费用应当用于以下支出：

（一）完善、改造和维护安全防护设施设备支出(不含“三同时”要求初期投入的安全设施)，包括车间、库房、罐区等作业场所的监控、监测、通风、防晒、调温、防火、灭火、防爆、泄压、防毒、消毒、中和、防潮、防雷、防静电、防腐、防渗漏、防护围堤和隔离操作等设施设备支出；

（二）配备、维护、保养应急救援器材、设备支出和应急救援队伍建设、应急预案制修订与应急演练支出；

（三）开展重大危险源检测、评估、监控支出，安全风险分级管控和事故隐患排查整改支出，安全生产风险监测预警系统等安全生产信息系统建设、运维和网络安全支出；

（四）安全生产检查、评估评价(不含新建、改建、扩建项目安全评价)、咨询和标准化建设支出；

（五）配备和更新现场作业人员安全防护用品支出；

（六）安全生产宣传、教育、培训和从业人员发现并报告事故隐患的奖励支出；

（七）安全生产适用的新技术、新标准、新工艺、新装备的推广应用支出；

（八）安全设施及特种设备检测检验、检定校准支出；

（九）安全生产责任保险支出；

（十）与安全生产直接相关的其他支出。

第六节　交通运输企业

第二十三条　交通运输包括道路运输、铁路运输、城市轨道交通、水路运输、管道运输。

道路运输是指《中华人民共和国道路运输条例》规定的道路旅客运输和道路货物运输；铁路运输是指《中华人民共和国铁路法》规定的铁路旅客运输和货物运输；城市轨道交通是指依规定批准建设的，采用专用轨道导向运行的城市公共客运交通系统，包括地铁、轻轨、单轨、有轨电车、磁浮、自动导向轨道、市域快速轨道系统；水路运输是指以运输船舶为工具的经营性旅客和货物运输及港口装卸、过驳、仓储；管道运输是指以管道为工具的液体和气体物资运输。

第二十四条 交通运输企业以上一年度营业收入为依据，确定本年度应计提金额，并逐月平均提取。具体如下：

（一）普通货运业务1%；

（二）客运业务、管道运输、危险品等特殊货运业务1.5%。

第二十五条 交通运输企业安全生产费用应当用于以下支出：

（一）完善、改造和维护安全防护设施设备支出（不含"三同时"要求初期投入的安全设施），包括道路、水路、铁路、城市轨道交通、管道运输设施设备和装卸工具安全状况检测及维护系统、运输设施设备和装卸工具附属安全设备等支出；

（二）购置、安装和使用具有行驶记录功能的车辆卫星定位装置、视频监控装置、船舶通信导航定位和自动识别系统、电子海图等支出；

（三）铁路和城市轨道交通防灾监测预警设备及铁路周界入侵报警系统、铁路危险品运输安全监测设备支出；

（四）配备、维护、保养应急救援器材、设备支出和应急救援队伍建设、应急预案制修订与应急演练支出；

（五）开展重大危险源检测、评估、监控支出，安全风险分级管控和事故隐患排查整改支出，安全生产信息化、智能化建设、运维和网络安全支出；

（六）安全生产检查、评估评价（不含新建、改建、扩建项目安全评价）、咨询和标准化建设支出；

（七）配备和更新现场作业人员安全防护用品支出；

（八）安全生产宣传、教育、培训和从业人员发现并报告事故隐患的奖励支出；

（九）安全生产适用的新技术、新标准、新工艺、新装备的推广应用支出；

(十) 安全设施及特种设备检测检验、检定校准、铁路和城市轨道交通基础设备安全检测支出;

(十一) 安全生产责任保险及承运人责任保险支出;

(十二) 与安全生产直接相关的其他支出。

第七节　冶金企业

第二十六条　冶金是指黑色金属和有色金属冶炼及压延加工等生产活动。

第二十七条　冶金企业以上一年度营业收入为依据，采取超额累退方式确定本年度应计提金额，并逐月平均提取。具体如下:

(一) 上一年度营业收入不超过1000万元的，按照3%提取;

(二) 上一年度营业收入超过1000万元至1亿元的部分，按照1.5%提取;

(三) 上一年度营业收入超过1亿元至10亿元的部分，按照0.5%提取;

(四) 上一年度营业收入超过10亿元至50亿元的部分，按照0.2%提取;

(五) 上一年度营业收入超过50亿元至100亿元的部分，按照0.1%提取;

(六) 上一年度营业收入超过100亿元的部分，按照0.05%提取。

第二十八条　冶金企业安全生产费用应当用于以下支出:

(一) 完善、改造和维护安全防护设备设施支出(不含"三同时"要求初期投入的安全设施)，包括车间、站、库房等作业场所的监控、监测、防高温、防火、防爆、防坠落、防尘、防毒、防雷、防窒息、防触电、防噪声与振动、防辐射和隔离操作等设施设备支出;

(二) 配备、维护、保养应急救援器材、设备支出和应急救援队伍建设、应急预案制修订与应急演练支出;

（三）开展重大危险源检测、评估、监控支出，安全风险分级管控和事故隐患排查整改支出，安全生产信息化、智能化建设、运维和网络安全支出；

（四）安全生产检查、评估评价（不含新建、改建、扩建项目安全评价）和咨询及标准化建设支出；

（五）安全生产宣传、教育、培训和从业人员发现并报告事故隐患的奖励支出；

（六）配备和更新现场作业人员安全防护用品支出；

（七）安全生产适用的新技术、新标准、新工艺、新装备的推广应用支出；

（八）安全设施及特种设备检测检验、检定校准支出；

（九）安全生产责任保险支出；

（十）与安全生产直接相关的其他支出。

第八节 机械制造企业

第二十九条 机械制造是指各种动力机械、矿山机械、运输机械、农业机械、仪器、仪表、特种设备、大中型船舶、海洋工程装备、石油炼化装备、建筑施工机械及其他机械设备的制造活动。

按照《国民经济行业分类与代码》（GB/T 4754），本办法所称机械制造企业包括通用设备制造业，专用设备制造业，汽车制造业，铁路、船舶、航空航天和其他运输设备制造业（不含第十一节民用航空设备制造），电气机械和器材制造业，计算机、通信和其他电子设备制造业，仪器仪表制造业，金属制品、机械和设备修理业等8类企业。

第三十条 机械制造企业以上一年度营业收入为依据，采取超额累退方式确定本年度应计提金额，并逐月平均提取。具体如下：

（一）上一年度营业收入不超过1000万元的，按照2.35%提取；

(二) 上一年度营业收入超过1000万元至1亿元的部分，按照1.25%提取；

(三) 上一年度营业收入超过1亿元至10亿元的部分，按照0.25%提取；

(四) 上一年度营业收入超过10亿元至50亿元的部分，按照0.1%提取；

(五) 上一年度营业收入超过50亿元的部分，按照0.05%提取。

第三十一条 机械制造企业安全生产费用应当用于以下支出：

(一) 完善、改造和维护安全防护设施设备支出(不含“三同时”要求初期投入的安全设施)，包括生产作业场所的防火、防爆、防坠落、防毒、防静电、防腐、防尘、防噪声与振动、防辐射和隔离操作等设施设备支出，大型起重机械安装安全监控管理系统支出；

(二) 配备、维护、保养应急救援器材、设备支出和应急救援队伍建设、应急预案制修订与应急演练支出；

(三) 开展重大危险源检测、评估、监控支出，安全风险分级管控和事故隐患排查整改支出，安全生产信息化、智能化建设、运维和网络安全支出；

(四) 安全生产检查、评估评价(不含新建、改建、扩建项目安全评价)、咨询和标准化建设支出；

(五) 安全生产宣传、教育、培训和从业人员发现并报告事故隐患的奖励支出；

(六) 配备和更新现场作业人员安全防护用品支出；

(七) 安全生产适用的新技术、新标准、新工艺、新装备的推广应用支出；

(八) 安全设施及特种设备检测检验、检定校准支出；

(九) 安全生产责任保险支出；

(十) 与安全生产直接相关的其他支出。

第九节　烟花爆竹生产企业

第三十二条　烟花爆竹是指烟花爆竹制品和用于生产烟花爆竹的民用黑火药、烟火药、引火线等物品。

第三十三条　烟花爆竹生产企业以上一年度营业收入为依据，采取超额累退方式确定本年度应计提金额，并逐月平均提取。具体如下：

（一）上一年度营业收入不超过1000万元的，按照4%提取；

（二）上一年度营业收入超过1000万元至2000万元的部分，按照3%提取；

（三）上一年度营业收入超过2000万元的部分，按照2.5%提取。

第三十四条　烟花爆竹生产企业安全生产费用应当用于以下支出：

（一）完善、改造和维护安全设备设施支出（不含“三同时”要求初期投入的安全设施），包括作业场所的防火、防爆（含防护屏障）、防雷、防静电、防护围墙（网）与栏杆、防高温、防潮、防山体滑坡、监测、检测、监控等设施设备支出；

（二）配备、维护、保养防爆机械电器设备支出；

（三）配备、维护、保养应急救援器材、设备支出和应急救援队伍建设、应急预案制修订与应急演练支出；

（四）开展重大危险源检测、评估、监控支出，安全风险分级管控和事故隐患排查整改支出，安全生产信息化、智能化建设、运维和网络安全支出；

（五）安全生产检查、评估评价（不含新建、改建、扩建项目安全评价）、咨询和标准化建设支出；

（六）安全生产宣传、教育、培训和从业人员发现并报告事故隐患的奖励支出；

（七）配备和更新现场作业人员安全防护用品支出；

（八）安全生产适用新技术、新标准、新工艺、新装备的推广应用支出；

(九) 安全设施及特种设备检测检验、检定校准支出；

(十) 安全生产责任保险支出；

(十一) 与安全生产直接相关的其他支出。

第十节 民用爆炸物品生产企业

第三十五条 民用爆炸物品是指列入《民用爆炸物品品名表》的物品。

第三十六条 民用爆炸物品生产企业以上一年度营业收入为依据，采取超额累退方式确定本年度应计提金额，并逐月平均提取。具体如下：

(一) 上一年度营业收入不超过1000万元的，按照4%提取；

(二) 上一年度营业收入超过1000万元至1亿元的部分，按照2%提取；

(三) 上一年度营业收入超过1亿元至10亿元的部分，按照0.5%提取；

(四) 上一年度营业收入超过10亿元的部分，按照0.2%提取。

第三十七条 民用爆炸物品生产企业安全生产费用应当用于以下支出：

(一) 完善、改造和维护安全防护设施设备(不含"三同时"要求初期投入的安全设施)，包括车间、库房、罐区等作业场所的监控、监测、通风、防晒、调温、防火、灭火、防爆、泄压、防毒、消毒、中和、防潮、防雷、防静电、防腐、防渗漏、防护屏障、隔离操作等设施设备支出；

(二) 配备、维护、保养应急救援器材、设备支出和应急救援队伍建设、应急预案制修订与应急演练支出；

(三) 开展重大危险源检测、评估、监控支出，安全风险分级管控和事故隐患排查整改支出，安全生产信息化、智能化建设、运维和网络安全支出；

（四）安全生产检查、评估评价（不含新建、改建、扩建项目安全评价）、咨询和标准化建设支出；

（五）配备和更新现场作业人员安全防护用品支出；

（六）安全生产宣传、教育、培训和从业人员发现并报告事故隐患的奖励支出；

（七）安全生产适用的新技术、新标准、新工艺、新设备的推广应用支出；

（八）安全设施及特种设备检测检验、检定校准支出；

（九）安全生产责任保险支出；

（十）与安全生产直接相关的其他支出。

第十一节　武器装备研制生产与试验企业

第三十八条　武器装备研制生产与试验，包括武器装备和军工危险化学品的科研、生产、试验、储运、销毁、维修保障等。

第三十九条　武器装备研制生产与试验企业以上一年度军品营业收入为依据，采取超额累退方式确定本年度应计提金额，并逐月平均提取。

（一）军工危险化学品研制、生产与试验企业，包括火炸药、推进剂、弹药（含战斗部、引信、火工品）、火箭导弹发动机、燃气发生器等，提取标准如下：

1. 上一年度营业收入不超过1000万元的，按照5%提取；

2. 上一年度营业收入超过1000万元至1亿元的部分，按照3%提取；

3. 上一年度营业收入超过1亿元至10亿元的部分，按照1%提取；

4. 上一年度营业收入超过10亿元的部分，按照0.5%提取。

（二）核装备及核燃料研制、生产与试验企业，提取标准如下：

1. 上一年度营业收入不超过1000万元的，按照3%提取；

2. 上一年度营业收入超过1000万元至1亿元的部分，按照

2%提取;

3. 上一年度营业收入超过1亿元至10亿元的部分,按照0.5%提取;

4. 上一年度营业收入超过10亿元的部分,按照0.2%提取。

(三) 军用舰船(含修理)研制、生产与试验企业,提取标准如下:

1. 上一年度营业收入不超过1000万元的,按照2.5%提取;

2. 上一年度营业收入超过1000万元至1亿元的部分,按照1.75%提取;

3. 上一年度营业收入超过1亿元至10亿元的部分,按照0.8%提取;

4. 上一年度营业收入超过10亿元的部分,按照0.4%提取。

(四) 飞船、卫星、军用飞机、坦克车辆、火炮、轻武器、大型天线等产品的总体、部分和元器件研制、生产与试验企业,提取标准如下:

1. 上一年度营业收入不超过1000万元的,按照2%提取;

2. 上一年度营业收入超过1000万元至1亿元的部分,按照1.5%提取;

3. 上一年度营业收入超过1亿元至10亿元的部分,按照0.5%提取;

4. 上一年度营业收入超过10亿元至100亿元的部分,按照0.2%提取;

5. 上一年度营业收入超过100亿元的部分,按照0.1%提取。

(五) 其他军用危险品研制、生产与试验企业,提取标准如下:

1. 上一年度营业收入不超过1000万元的,按照4%提取;

2. 上一年度营业收入超过1000万元至1亿元的部分,按照2%提取;

3. 上一年度营业收入超过1亿元至10亿元的部分，按照0.5%提取；

4. 上一年度营业收入超过10亿元的部分，按照0.2%提取。

第四十条 核工程按照工程造价3%提取企业安全生产费用。企业安全生产费用在竞标时列为标外管理。

第四十一条 武器装备研制生产与试验企业安全生产费用应当用于以下支出：

（一）完善、改造和维护安全防护设施设备支出（不含“三同时”要求初期投入的安全设施），包括研究室、车间、库房、储罐区、外场试验区等作业场所监控、监测、防触电、防坠落、防爆、泄压、防火、灭火、通风、防晒、调温、防毒、防雷、防静电、防腐、防尘、防噪声与振动、防辐射、防护围堤和隔离操作等设施设备支出；

（二）配备、维护、保养应急救援、应急处置、特种个人防护器材、设备、设施支出和应急救援队伍建设、应急预案制修订与应急演练支出；

（三）开展重大危险源检测、评估、监控支出，安全风险分级管控和事故隐患排查整改支出，安全生产信息化、智能化建设、运维和网络安全支出；

（四）高新技术和特种专用设备安全鉴定评估、安全性能检验检测及操作人员上岗培训支出；

（五）安全生产检查、评估评价（不含新建、改建、扩建项目安全评价）、咨询和标准化建设支出；

（六）安全生产宣传、教育、培训和从业人员发现并报告事故隐患的奖励支出；

（七）军工核设施（含核废物）防泄漏、防辐射的设施设备支出；

（八）军工危险化学品、放射性物品及武器装备科研、试验、生产、储运、销毁、维修保障过程中的安全技术措施改造费和安

全防护(不含工作服)费用支出;

(九) 大型复杂武器装备制造、安装、调试的特殊工种和特种作业人员培训支出;

(十) 武器装备大型试验安全专项论证与安全防护费用支出;

(十一) 特殊军工电子元器件制造过程中有毒有害物质监测及特种防护支出;

(十二) 安全生产适用新技术、新标准、新工艺、新装备的推广应用支出;

(十三) 安全生产责任保险支出;

(十四) 与安全生产直接相关的其他支出。

第十二节　电力生产与供应企业

第四十二条　电力生产是指利用火力、水力、核力、风力、太阳能、生物质能以及地热、潮汐能等其他能源转换成电能的活动。

电力供应是指经营和运行电网,从事输电、变电、配电等电能输送与分配的活动。

第四十三条　电力生产与供应企业以上一年度营业收入为依据,采取超额累退方式确定本年度应计提金额,并逐月平均提取。

(一) 电力生产企业,提取标准如下:

1. 上一年度营业收入不超过1000万元的,按照3%提取;

2. 上一年度营业收入超过1000万元至1亿元的部分,按照1.5%提取;

3. 上一年度营业收入超过1亿元至10亿元的部分,按照1%提取;

4. 上一年度营业收入超过10亿元至50亿元的部分,按照0.8%提取;

5. 上一年度营业收入超过50亿元至100亿元的部分,按照0.6%提取;

6. 上一年度营业收入超过 100 亿元的部分，按照 0.2%提取。

(二) 电力供应企业，提取标准如下：

1. 上一年度营业收入不超过 500 亿元的，按照 0.5%提取；

2. 上一年度营业收入超过 500 亿元至 1000 亿元的部分，按照 0.4%提取；

3. 上一年度营业收入超过 1000 亿元至 2000 亿元的部分，按照 0.3%提取；

4. 上一年度营业收入超过 2000 亿元的部分，按照 0.2%提取。

第四十四条 电力生产与供应企业安全生产费用应当用于以下支出：

(一) 完善、改造和维护安全防护设备、设施支出(不含“三同时”要求初期投入的安全设施)，包括发电、输电、变电、配电等设备设施的安全防护及安全状况的完善、改造、检测、监测及维护，作业场所的安全监控、监测以及防触电、防坠落、防物体打击、防火、防爆、防毒、防窒息、防雷、防误操作、临边、封闭等设施设备支出；

(二) 配备、维护、保养应急救援器材、设备设施支出和应急救援队伍建设、应急预案制修订与应急演练支出；

(三) 开展重大危险源检测、评估、监控支出，安全风险分级管控和事故隐患排查整改支出(不含水电站大坝重大隐患除险加固支出、燃煤发电厂贮灰场重大隐患除险加固治理支出)，安全生产信息化、智能化建设、运维和网络安全支出；

(四) 安全生产检查、评估评价(不含新建、改建、扩建项目安全评价)、咨询和标准化建设支出；

(五) 安全生产宣传、教育、培训和从业人员发现并报告事故隐患的奖励支出；

(六) 配备和更新现场作业人员安全防护用品支出；

（七）安全生产适用的新技术、新标准、新工艺、新设备的推广应用支出；

（八）安全设施及特种设备检测检验、检定校准支出；

（九）安全生产责任保险支出；

（十）与安全生产直接相关的其他支出。

要义理解

费用安全生产名，
救援支出含其中。
装备配置与维护，
宣教培训一条龙。
足额提取正确用，
防灾救灾莫失衡。

第三章　企业安全生产费用的管理和监督

第四十五条　企业应当建立健全内部企业安全生产费用管理制度，明确企业安全生产费用提取和使用的程序、职责及权限，落实责任，确保按规定提取和使用企业安全生产费用。

第四十六条　企业应当加强安全生产费用管理，编制年度企业安全生产费用提取和使用计划，纳入企业财务预算，确保资金投入。

第四十七条　企业提取的安全生产费用从成本(费用)中列支并专项核算。符合本办法规定的企业安全生产费用支出应当取得发票、收据、转账凭证等真实凭证。

本企业职工薪酬、福利不得从企业安全生产费用中支出。企业从业人员发现报告事故隐患的奖励支出从企业安全生产费用中列支。

企业安全生产费用年度结余资金结转下年度使用。企业安全生产费用出现赤字(即当年计提企业安全生产费用加上年初结余小于年度实际支出)的，应当于年末补提企业安全生产费用。

第四十八条　以上一年度营业收入为依据提取安全生产费用的企业，新建和投产不足一年的，当年企业安全生产费用据实列支，年末以当年营业收入为依据，按照规定标准计算提取企业安全生产费用。

第四十九条　企业按本办法规定标准连续两年补提安全生产费用的，可以按照最近一年补提数提高提取标准。

本办法公布前，地方各级人民政府已制定下发企业安全生产费用提取使用办法且其提取标准低于本办法规定标准的，应当按照本办法进行调整。

第五十条　企业安全生产费用月初结余达到上一年应计提金额三倍及以上的，自当月开始暂停提取企业安全生产费用，直至企业安全生产费用结余低于上一年应计提金额三倍时恢复提取。

第五十一条　企业当年实际使用的安全生产费用不足年度应计提金额60%的，除按规定进行信息披露外，还应当于下一年度4月底前，按照属地监管权限向县级以上人民政府负有安全生产监督管理职责的部门提交经企业董事会、股东会等机构审议的书面说明。

第五十二条　企业同时开展两项及两项以上以营业收入为安全生产费用计提依据的业务，能够按业务类别分别核算的，按各项业务计提标准分别提取企业安全生产费用；不能分别核算的，按营业收入占比最高业务对应的提取标准对各项合计营业收入计提企业安全生产费用。

第五十三条　企业作为承揽人或承运人向客户提供纳入本办法规定范围的服务，且外购材料和服务成本高于自客户取得营业收入85%以上的，可以将营业收入扣除相关外购材料和服务成本的净额，作为企业安全生产费用计提依据。

第五十四条　企业内部有两个及两个以上独立核算的非法人主体，主体之间生产和转移产品和服务按本办法规定需提取企业安全生产费用的，各主体可以以本主体营业收入扣除自其他主体采购产品和服务的成本(即剔除内部互供收入)的净额，作为企业安全生产费用计提依据。

第五十五条 承担集团安全生产责任的企业集团母公司(一级，以下简称集团总部)，可以对全资及控股子公司提取的企业安全生产费用按照一定比例集中管理，统筹使用。子公司转出资金作为企业安全生产费用支出处理，集团总部收到资金作为专项储备管理，不计入集团总部收入。

集团总部统筹的企业安全生产费用应当用于本办法规定的应急救援队伍建设、应急预案制修订与应急演练，安全生产检查、咨询和标准化建设，安全生产宣传、教育、培训，安全生产适用的新技术、新标准、新工艺、新装备的推广应用等安全生产直接相关支出。

第五十六条 在本办法规定的使用范围内，企业安全生产费用应当优先用于达到法定安全生产标准所需支出和按各级应急管理部门、矿山安全监察机构及其他负有安全生产监督管理职责的部门要求开展的安全生产整改支出。

第五十七条 煤炭生产企业和非煤矿山企业已提取维持简单再生产费用的，应当继续提取，但不得重复开支本办法规定的企业安全生产费用。

第五十八条 企业由于产权转让、公司制改建等变更股权结构或者组织形式的，其结余的企业安全生产费用应当继续按照本办法管理使用。

第五十九条 企业调整业务、终止经营或者依法清算的，其结余的企业安全生产费用应当结转本期收益或者清算收益。下列情形除外：

(一) 矿山企业转产、停产、停业或者解散的，应当将企业安全生产费用结余用于矿山闭坑、尾矿库闭库后可能的危害治理和损失赔偿；

（二）危险品生产与储存企业转产、停产、停业或者解散的，应当将企业安全生产费用结余用于处理转产、停产、停业或者解散前的危险品生产或者储存设备、库存产品及生产原料支出。

第(一)和(二)项企业安全生产费用结余，有存续企业的，由存续企业管理；无存续企业的，由清算前全部股东共同管理或者委托第三方管理。

第六十条 企业提取的安全生产费用属于企业自提自用资金，除集团总部按规定统筹使用外，任何单位和个人不得采取收取、代管等形式对其进行集中管理和使用。法律、行政法规另有规定的，从其规定。

第六十一条 各级应急管理部门、矿山安全监察机构及其他负有安全生产监督管理职责的部门和财政部门依法对企业安全生产费用提取、使用和管理进行监督检查。

第六十二条 企业未按本办法提取和使用安全生产费用的，由县级以上应急管理部门、矿山安全监察机构及其他负有安全生产监督管理职责的部门和财政部门按照职责分工，责令限期改正，并依照《中华人民共和国安全生产法》、《中华人民共和国会计法》和相关法律法规进行处理、处罚。情节严重、性质恶劣的，依照有关规定实施联合惩戒。

第六十三条 建设单位未按规定及时向施工单位支付企业安全生产费用、建设工程施工总承包单位未向分包单位支付必要的企业安全生产费用以及承包单位挪用企业安全生产费用的，由建设、交通运输、铁路、水利、应急管理、矿山安全监察等部门按职责分工依法进行处理、处罚。

第六十四条 各级应急管理部门、矿山安全监察机构及其他负有安全生产监督管理职责的部门和财政部门及其工作人员，在企业安全生产费用监督管理中存在滥用职权、玩忽职守、徇私舞弊等违法违纪行为的，按照《中华人民共和国安全生产法》、《中华人民共和国监察法》等有关规定追究相应责任。构成犯罪的，依法追究刑事责任。

第四章　附　则

第六十五条　企业安全生产费用的会计处理，应当符合国家统一的会计制度规定。

企业安全生产费用财务处理与税收规定不一致的，纳税时应当依法进行调整。

第六十六条　本办法第二条规定范围以外的企业为达到应当具备的安全生产条件所需的资金投入，从成本(费用)中列支。

自营烟花爆竹储存仓库的烟花爆竹销售企业、自营民用爆炸物品储存仓库的民用爆炸物品销售企业，分别参照烟花爆竹生产企业、民用爆炸物品生产企业执行。

实行企业化管理的事业单位参照本办法执行。

第六十七条　各省级应急管理部门、矿山安全监察机构可以结合本地区实际情况，会同相关部门制定特定行业具体办法，报省级人民政府批准后实施。

县级以上应急管理部门应当将本地区企业安全生产费用提取使用情况纳入定期统计分析。

第六十八条　本办法由财政部、应急部负责解释。

第六十九条　本办法自印发之日起施行。《企业安全生产费用提取和使用管理办法》(财企〔2012〕16号)同时废止。

十一、国务院安委会关于进一步加强生产安全事故应急处置工作的通知

(安委〔2013〕8号)

各省、自治区、直辖市人民政府，新疆生产建设兵团，国务院安委会各成员单位：

近年来，全国安全生产应急管理工作不断加强，生产安全事故(以下简称事故)应急处置能力不断提高，但在一些地方和行

业领域仍存在应急主体责任不落实、救援指挥不科学、救援现场管理混乱等突出问题。为进一步加强事故应急处置工作，经国务院同意，现将有关事项通知如下：

一、高度重视事故应急处置工作

各地区、各部门和单位要始终把人民生命安全放在首位，以对党和人民高度负责的精神，进一步加强事故应急处置工作，最大程度地减少人员伤亡。要牢固树立“以人为本、安全第一、生命至上”和“不抛弃、不放弃”的理念，坚持“属地为主、条块结合、精心组织、科学施救”的原则，在确保救援人员安全的前提下实施救援，全力以赴搜救遇险人员，精心救治受伤人员，妥善处理善后，有效防范次生衍生事故。

要义理解

生命无价只一次，
一线生机不放弃。
精心组织科学救，
自身安全是前提。
人员遇险全力救，
伤员精心来救治。
施救全程系统查，
次生事故须避除。

二、严格落实事故应急处置责任

生产经营单位（以下统称企业）必须认真落实安全生产主体责任，严格按照相关法律法规和标准规范要求，建立专兼职救援队伍，做好应急物资储备，完善应急预案和现场处置措施，加强从业人员应急培训，组织开展演练，不断提高应急处置能力。

要义理解

应急处置靠主体，
责任逐条抓落实。
救援队伍依法建，
应急物资储备足。
预案完善措施对，
培训演练能力提。

地方人民政府负责本行政区域内事故应急处置工作，负责制定与实施救援方案，组织开展应急救援，核实遇险、遇难及受伤人数，协调与调动应急资源，维护现场秩序，疏散转移可能受影响人员，开展医疗救治和疫情防控，并组织做好伤亡人员赔偿和安抚善后、救援人员抚恤和荣誉认定、应急处置信息发布及维护社会稳定等工作。

地方人民政府安全生产监管部门和负有安全生产监督管理职责的有关部门应进一步加强机构和队伍建设，配备专职的安全生产应急处置工作机构和工作人员。

三、进一步规范事故现场应急处置

（一）做好企业先期处置。发生事故或险情后，企业要立即启动相关应急预案，在确保安全的前提下组织抢救遇险人员，控制危险源，封锁危险场所，杜绝盲目施救，防止事态扩大；要明确并落实生产现场带班人员、班组长和调度人员直接处置权和指挥权，在遇到险情或事故征兆时立即下达停产撤人命令，组织现场人员及时、有序撤离到安全地点，减少人员伤亡。

要依法依规及时、如实向当地安全生产监管监察部门和负有安全生产监督管理职责的有关部门报告事故情况，不得瞒报、谎报、迟报、漏报，不得故意破坏事故现场、毁灭证据。

要义理解

清点应急万千事，
先期处置数第一：
预案启动要迅速，
自身安全为前提。
危险查明源头控，
事态严控防升级。
紧急撤离伤亡减，
指令下达莫迟疑。
事故情况及时报，
保护现场留证据。

（二）加强政府应急响应。事故发生地人民政府及有关部门接到事故报告后，相关负责同志要立即赶赴事故现场，按照有关应急预案规定，成立事故应急处置现场指挥部（以下简称指挥部），代表本级人民政府履行事故应急处置职责，组织开展事故应急处置工作。

指挥部是事故现场应急处置的最高决策指挥机构，实行总指挥负责制。总指挥要认真履行指挥职责，明确下达指挥命令，明确责任、任务、纪律。指挥部会议、重大决策事项等要指定专人记录，指挥命令、会议纪要和图纸资料等要妥善保存。事故现场所有人员要严格执行指挥部指令，对于延误或拒绝执行命令的，要严肃追究责任。

按照事故等级和相关规定，上一级人民政府成立指挥部的，下一级人民政府指挥部要立即移交指挥权，并继续配合做好应急处置工作。

事故发生地有关单位、各类安全生产应急救援队伍接到地方人民政府及有关部门的应急救援指令或有关企业的请求后，应当及时出动参加事故救援。

（三）强化救援现场管理。指挥部要充分发挥专家组、企业现场管理人员和专业技术人员以及救援队伍指挥员的作用，实行科学决策。要根据事故救援需要和现场实际需要划定警戒区域，及时疏散和安置事故可能影响的周边居民和群众，疏导劝离与救援无关的人员，维护现场秩序，确保救援工作高效有序。必要时，要对事故现场实行隔离保护，尤其是矿井井口、危险化学品处置区域、火区灾区入口等重要部位要实行专人值守，未经指挥部批准，任何人不准进入。要对现场周边及有关区域实行交通管制，确保应急救援通道畅通。

（四）确保安全有效施救。救援过程中，要严格遵守安全规程，及时排除隐患，确保救援人员安全。救援队伍指挥员应当作为指挥部成员，参与制订救援方案等重大决策，并根据救援方案和总指挥命令组织实施救援；在行动前要了解有关危险因素，明确防范措施，科学组织救援，积极搜救遇险人员。遇到突发情况危及救援人员生命安全时，救援队伍指挥员有权作出处置决定，迅速带领救援人员撤出危险区域，并及时报告指挥部。

要义理解

指挥任务很艰巨，
决策科学靠众智。
专家出谋不可缺，
企业献策更有力。
多方会商方案好，
救援高效减损失。

（五）适时把握救援暂停和终止。对于继续救援直接威胁救援人员生命安全、极易造成次生衍生事故等情况，指挥部要组织专家充分论证，作出暂停救援的决定；在事故现场得以控制、导致次生衍生事故隐患消除后，经指挥部组织研究，确认符合继续施救条件时，再行组织施救，直至救援任务完成。因客观条件导致无法实施救援或救援任务完成后，在经专家组论证并做好相关工作的基础上，指挥部要提出终止救援的意见，报本级人民政府批准。

要义理解

科学救援莫空谈，
与时俱进转观念。
自身安全无法保，
救援必须立中断。
次生事故现端倪，
专家会商来决断。
条件严苛无可救，
终止救援勿蛮干。

四、加强事故应急处置相关工作

（一）全力强化应急保障。地方人民政府要对应急保障工作总负责，统筹协调，全力保证应急救援工作的需要；要采取财政措施，保障应急处置工作所需经费。政府有关部门要按照国家有关规定和指挥部的需要，在各自职责范围内做好应急保障工作，确保交通、通信、供电、供水、气象服务以及应急救援队伍、装备、物资等救援条件。

（二）及时发布有关信息。指挥部应当按照有关规定及时发布事故应急处置工作信息；设立举报电话、举报信箱，登记、核实举报情况，接受社会监督。有关各方要引导各类新闻媒体客观、公正、及时报道事故信息，不得编造、发布虚假信息。

（三）精心组织医疗卫生服务。事故发生地卫生行政主管部门要按照指挥部的要求，组织做好紧急医疗救护和现场卫生处置工作，协调有关专家、特种药品和特种救治装备，全力救治事故受伤人员，并按照专业规程做好现场防疫工作。必要时，由指挥部向上级卫生行政主管部门提出调配医疗专家和药品及转治伤员等相关请求。

（四）稳妥做好善后处置工作。地方人民政府和事故发生单位要组织妥善安置和慰问受害及受影响人员，组织开展遇难人员善后和赔偿、征用物资补偿、协调应急救援队伍补偿、污染物收集清理与处理等工作，尽快消除事故影响，恢复正常秩序，保证社会稳定。

五、建立健全事故应急处置制度

（一）建立分级指导配合制度。县级以上人民政府及其有关部门要建立事故应急处置分级指导配合制度。事故发生后，县级以上人民政府及其有关部门要根据事故等级和相关规定派出工作组，赶赴事故现场指导配合事发地开展工作。国务院安全生产监管监察部门和国务院负有安全生产监督管理职责的有关部门要对重特大事故或全国社会影响大的事故应急处置工作进行指导；省级安全生产监管监察部门和负有安全生产监督管理职责的有关部门要对重大、较大事故或本省(区、市)社会影响大的事故应急处置工作进行指导；市(地)级安全生产监管监察部门和负有安全生产监督管理职责的有关部门要对较大、一般事故或本市(地)社会影响大的事故应急处置工作进行指导。

工作组的主要任务是：了解掌握事故基本情况和初步原因；督促地方人民政府和相关部门及企业核查核实并如实上报事故遇险、遇难、受伤人员情况；根据前期处置情况对救援方案提出建议，协调调动外部应急资源，指导事故应对处置工作，但不替代地方指挥部的指挥职责；指导当地做好舆论引导和善后处理工作；起草事故情况报告，并及时向派出单位或上级单位报告有关工作情况。

（二）完善总结和评估制度。地方人民政府及其有关部门要建立健全事故应急处置总结和评估制度。指挥部要对事故应急处置工作进行总结并将总结报告报事故调查组和上级安全生产监管监察部门。事故应急处置工作总结报告的主要内容包括：事故基本情况、事故信息接收与报送情况、应急处置组织与领导、应急预案执行情况、应急救援队伍工作情况、主要技术措施及其实施情况、救援成效、经验教训、相关建议等。

事故调查组负责事故应急处置评估工作，并在事故调查报告中对应急处置作出评估结论。

（三）落实应急奖惩制度。各地区、各部门要落实事故应急处置奖励与责任追究制度。要根据有关法律法规和事故应急处置评估结论，对事故应急处置工作中表现突出的单位和个人给予奖励。对影响和妨碍事故应急处置工作的有关单位和人员，视情节和危害后果依法依规追究责任。

要义理解

本文件程序性、条理性、操作性突出，学习百遍，其义自现。

十二、国家安全监管总局办公厅关于印发《生产安全事故应急处置评估暂行办法》的通知

（安监总厅应急〔2014〕95号）

生产安全事故应急处置评估暂行办法

第一条 为规范生产安全事故应急处置评估工作，总结和吸取应急处置经验教训，不断提高生产安全事故应急处置能力，持续改进应急准备工作，根据《安全生产法》《生产安全事故报告和调查处理条例》，《国务院安委会关于进一步加强生产安全事故应急处置工作的通知》（安委〔2013〕8号），制定本办法。

第二条 本办法适用于除环境污染事故、核设施事故、国防科研生产事故以外的各类生产安全事故的应急处置评估工作。

第三条 生产安全事故应急处置评估应当按照客观、公正、科学的原则进行。

第四条 国家安全生产监督管理总局指导和监督全国生产安全事故应急处置评估工作。

县级以上地方各级人民政府安全生产监督管理部门指导和监督本行政区域内生产安全事故应急处置评估工作。

第五条 国务院和县级以上地方各级人民政府成立或授权、委托成立的事故调查组(以下统称事故调查组),分级负责所调查事故的应急处置评估工作。

上级人民政府安全监管监察部门认为必要时,可以派出工作组协助下级人民政府事故调查组进行应急处置评估。

第六条 事故调查组应当单独设立应急处置评估组,专职负责对事故单位和事发地人民政府的应急处置工作进行评估。

事故调查组应急处置评估组组长一般由安全生产应急管理机构人员担任,有关单位人员参加,并根据需要聘请相关专家参与评估工作。

第七条 应急处置评估组根据工作需要,可以采取下列措施:

(一)听取事故单位和事发地人民政府事故应急处置现场指挥部(以下简称现场指挥部)事故及应急处置情况说明;

(二)现场勘查;

(三)查阅相关文字、音像资料和数据信息;

(四)询问有关人员;

(五)组织专家论证,必要时可以委托相关机构进行技术鉴定。

第八条 事故单位和现场指挥部应当分别总结事故应急处置工作,向事故调查组和上一级安全生产监管监察部门提交总结报告。总结报告内容包括:

（一）事故基本情况；

（二）先期处置情况及事故信息接收、流转与报送情况；

（三）应急预案实施情况；

（四）组织指挥情况；

（五）现场救援方案制定及执行情况；

（六）现场应急救援队伍工作情况；

（七）现场管理和信息发布情况；

（八）应急资源保障情况；

（九）防控环境影响措施的执行情况；

（十）救援成效、经验和教训；

（十一）相关建议。

事故单位和现场指挥部应当妥善保存并整理好与应急处置有关的书证和物证。

第九条 应急处置评估组对事故单位的评估，应当包括以下内容：

（一）应急响应情况，包括事故基本情况、信息报送情况等；

（二）先期处置情况，包括自救情况、控制危险源情况、防范次生灾害发生情况；

（三）应急管理规章制度的建立和执行情况；

（四）风险评估和应急资源调查情况；

（五）应急预案的编制、培训、演练、执行情况；

（六）应急救援队伍、人员、装备、物资储备、资金保障等方面的落实情况。

第十条 应急处置评估组对事发地人民政府的评估，应当包括以下内容：

（一）应急响应情况，包括事故发生后信息接收、流转与报送情况、相关职能部门协调联动情况；

（二）指挥救援情况，包括应急救援队伍和装备资源调动情况、应急处置方案制定情况；

（三）应急处置措施执行情况，包括现场应急救援队伍工作情况、应急资源保障情况、防范次生衍生及事故扩大采取的措施情况、防控环境影响措施执行情况；

（四）现场管理和信息发布情况。

第十一条 应急处置评估组应当向事故调查组提交应急处置评估报告。评估报告包括以下内容：

（一）事故应急处置基本情况；

（二）事故单位应急处置责任落实情况；

（三）地方人民政府应急处置责任落实情况；

（四）评估结论；

（五）经验教训；

（六）相关工作建议。

第十二条 事故调查组应当将应急处置评估内容纳入事故调查报告。

第十三条 安全监管监察部门及其应急管理工作机构应当根据事故调查报告，改进和加强日常管理、应急准备及应急处置等工作。

第十四条 县级以上地方各级安全生产监督管理部门、驻地各级煤矿安全监察机构应当每年对本辖区生产安全事故应急处置评估情况进行总结，并收集典型案例，向上一级安全生产监督管理部门、煤矿安全监察机构报告。

第十五条 生产安全险情的应急处置评估工作，成立事故调查组的，依照本办法执行；未成立事故调查组的，由现场指挥部或事发地人民政府安全生产监督管理部门依照本办法执行。

第十六条 本办法所称的生产安全事故应急处置是指生产安全事故发生到事故危险状态消除期间，为抢救人员、保护财产和环境而采取的措施、行动。

本办法所称的生产安全险情是指在生产经营活动中发生的对人员生命和财产安全造成威胁，但损害未达到生产安全事故等级标准的事件。

第十七条　本办法自印发之日起施行。

要义理解

本文件，虽为政府有关部门适用，但其方法很好，对企业具有很好的借鉴应用价值。

十三、国务院办公厅关于印发消防安全责任制实施办法的通知

（国办发〔2017〕87号）

第一条　为深入贯彻《中华人民共和国消防法》《中华人民共和国安全生产法》和党中央、国务院关于安全生产及消防安全的重要决策部署，按照政府统一领导、部门依法监管、单位全面负责、公民积极参与的原则，坚持党政同责、一岗双责、齐抓共管、失职追责，进一步健全消防安全责任制，提高公共消防安全水平，预防火灾和减少火灾危害，保障人民群众生命财产安全，制定本办法。

第四条　坚持安全自查、隐患自除、责任自负。机关、团体、企业、事业等单位是消防安全的责任主体，法定代表人、主要负责人或实际控制人是本单位、本场所消防安全责任人，对本单位、本场所消防安全全面负责。

消防安全重点单位应当确定消防安全管理人，组织实施本单位的消防安全管理工作。

第五条　坚持权责一致、依法履职、失职追责。对不履行或不按规定履行消防安全职责的单位和个人，依法依规追究责任。

第十五条　机关、团体、企业、事业等单位应当落实消防安全主体责任，履行下列职责：

（一）明确各级、各岗位消防安全责任人及其职责，制定本单位的消防安全制度、消防安全操作规程、灭火和应急疏散预案。定期组织开展灭火和应急疏散演练，进行消防工作检查考核，保证各项规章制度落实。

（二）保证防火检查巡查、消防设施器材维护保养、建筑消防设施检测、火灾隐患整改、专职或志愿消防队和微型消防站建设等消防工作所需资金的投入。生产经营单位安全费用应当保证适当比例用于消防工作。

（三）按照相关标准配备消防设施、器材，设置消防安全标志，定期检验维修，对建筑消防设施每年至少进行一次全面检测，确保完好有效。设有消防控制室的，实行 24 小时值班制度，每班不少于 2 人，并持证上岗。

要义理解

消防控制室，
地位忒重要。
值班全天候，
单人做不了。
至少要两人，
上岗证持好。

（四）保障疏散通道、安全出口、消防车通道畅通，保证防火防烟分区、防火间距符合消防技术标准。人员密集场所的门窗不得设置影响逃生和灭火救援的障碍物。保证建筑构件、建筑材料和室内装修装饰材料等符合消防技术标准。

（五）定期开展防火检查、巡查，及时消除火灾隐患。

（六）根据需要建立专职或志愿消防队、微型消防站，加强队伍建设，定期组织训练演练，加强消防装备配备和灭火药剂储备，建立与公安消防队联勤联动机制，提高扑救初起火灾能力。

（七）消防法律、法规、规章以及政策文件规定的其他职责。

第十六条 消防安全重点单位除履行第十五条规定的职责外，还应当履行下列职责：

（一）明确承担消防安全管理工作的机构和消防安全管理人并报知当地公安消防部门，组织实施本单位消防安全管理。消防安全管理人应当经过消防培训。

（二）建立消防档案，确定消防安全重点部位，设置防火标志，实行严格管理。

（三）安装、使用电器产品、燃气用具和敷设电气线路、管线必须符合相关标准和用电、用气安全管理规定，并定期维护保养、检测。

（四）组织员工进行岗前消防安全培训，定期组织消防安全培训和疏散演练。

（五）根据需要建立微型消防站，积极参与消防安全区域联防联控，提高自防自救能力。

（六）积极应用消防远程监控、电气火灾监测、物联网技术等技防物防措施。

第十七条 对容易造成群死群伤火灾的人员密集场所、易燃易爆单位和高层、地下公共建筑等火灾高危单位，除履行第十五条、第十六条规定的职责外，还应当履行下列职责：

（一）定期召开消防安全工作例会，研究本单位消防工作，处理涉及消防经费投入、消防设施设备购置、火灾隐患整改等重大问题。

（二）鼓励消防安全管理人取得注册消防工程师执业资格，消防安全责任人和特有工种人员须经消防安全培训；自动消防设施操作人员应取得建(构)筑物消防员资格证书。

（三）专职消防队或微型消防站应当根据本单位火灾危险特性配备相应的消防装备器材，储备足够的灭火救援药剂和物资，定期组织消防业务学习和灭火技能训练。

(四) 按照国家标准配备应急逃生设施设备和疏散引导器材。

(五) 建立消防安全评估制度，由具有资质的机构定期开展评估，评估结果向社会公开。

(六) 参加火灾公众责任保险。

要义理解

若有群死群伤险，
便属高危严防范。
提高素质抓培训，
资格证书务取全。
装备物资配备足，
外加公众责任险。
安全评估定期做，
查漏补缺消隐患。

第十八条 同一建筑物由两个以上单位管理或使用的，应当明确各方的消防安全责任，并确定责任人对共用的疏散通道、安全出口、建筑消防设施和消防车通道进行统一管理。

物业服务企业应当按照合同约定提供消防安全防范服务，对管理区域内的共用消防设施和疏散通道、安全出口、消防车通道进行维护管理，及时劝阻和制止占用、堵塞、封闭疏散通道、安全出口、消防车通道等行为，劝阻和制止无效的，立即向公安机关等主管部门报告。定期开展防火检查巡查和消防宣传教育。

第十九条 石化、轻工等行业组织应当加强行业消防安全自律管理，推动本行业消防工作，引导行业单位落实消防安全主体责任。

第二十八条 因消防安全责任不落实发生一般及以上火灾事故的，依法依规追究单位直接责任人、法定代表人、主要负责人或实际控制人的责任，对履行职责不力、失职渎职的政府及有关部门负责人和工作人员实行问责，涉嫌犯罪的，移送司法机关处理。

十四、国家安全监管总局办公厅关于修改用人单位劳动防护用品管理规范的通知

（安监总厅安健〔2018〕3号）

用人单位劳动防护用品管理规范

第一章 总 则

第一条 为规范用人单位劳动防护用品的使用和管理，保障劳动者安全健康及相关权益，根据《中华人民共和国安全生产法》《中华人民共和国职业病防治法》等法律、行政法规和规章，制定本规范。

第二条 本规范适用于中华人民共和国境内企业、事业单位和个体经济组织等用人单位的劳动防护用品管理工作。

第三条 本规范所称的劳动防护用品，是指由用人单位为劳动者配备的，使其在劳动过程中免遭或者减轻事故伤害及职业病危害的个体防护装备。

第四条 劳动防护用品是由用人单位提供的，保障劳动者安全与健康的辅助性、预防性措施，不得以劳动防护用品替代工程防护设施和其他技术、管理措施。

第五条 用人单位应当健全管理制度，加强劳动防护用品配备、发放、使用等管理工作。

第六条 用人单位应当安排专项经费用于配备劳动防护用品，不得以货币或者其他物品替代。该项经费计入生产成本，据实列支。

第七条 用人单位应当为劳动者提供符合国家标准或者行业标准的劳动防护用品。使用进口的劳动防护用品，其防护性能不得低于我国相关标准。

第八条 劳动者在作业过程中，应当按照规章制度和劳动防护用品使用规则，正确佩戴和使用劳动防护用品。

第九条 用人单位使用的劳务派遣工、接纳的实习学生应当纳入本单位人员统一管理，并配备相应的劳动防护用品。对处于作业地点的其他外来人员，必须按照与进行作业的劳动者相同的标准，正确佩戴和使用劳动防护用品。

第二章 劳动防护用品选择

第十条 劳动防护用品分为以下十大类：

(一) 防御物理、化学和生物危险、有害因素对头部伤害的头部防护用品。

(二) 防御缺氧空气和空气污染物进入呼吸道的呼吸防护用品。

(三) 防御物理和化学危险、有害因素对眼面部伤害的眼面部防护用品。

(四) 防噪声危害及防水、防寒等的耳部防护用品。

(五) 防御物理、化学和生物危险、有害因素对手部伤害的手部防护用品。

(六) 防御物理和化学危险、有害因素对足部伤害的足部防护用品。

(七) 防御物理、化学和生物危险、有害因素对躯干伤害的躯干防护用品。

(八) 防御物理、化学和生物危险、有害因素损伤皮肤或引起皮肤疾病的护肤用品。

(九) 防止高处作业劳动者坠落或者高处落物伤害的坠落防护用品。

(十) 其他防御危险、有害因素的劳动防护用品。

第十一条 用人单位应按照识别、评价、选择的程序(见附件1)，结合劳动者作业方式和工作条件，并考虑其个人特点及劳动强度，选择防护功能和效果适用的劳动防护用品。

（一）接触粉尘、有毒、有害物质的劳动者应当根据不同粉尘种类、粉尘浓度及游离二氧化硅含量和毒物的种类及浓度配备相应的呼吸器(见附件2)、防护服、防护手套和防护鞋等。具体可参照《呼吸防护用品——自吸过滤式防颗粒物呼吸器》(GB 2626)、《呼吸防护用品的选择、使用及维护》(GB/T 18664)、《防护服装 化学防护服的选择、使用和维护》(GB/T 24536)、《手部防护 防护手套的选择、使用和维护指南》(GB/T 29512)和《个体防护装备 足部防护鞋(靴)的选择、使用和维护指南》(GB/T 28409)等标准。

（二）接触噪声的劳动者，当暴露于 $80dB \leqslant L_{EX,8h} < 85dB$ 的工作场所时，用人单位应当根据劳动者需求为其配备适用的护听器；当暴露于 $L_{EX,8h} \geqslant 85dB$ 的工作场所时，用人单位必须为劳动者配备适用的护听器，并指导劳动者正确佩戴和使用(见附件2)。具体可参照《护听器的选择指南》(GB/T 23466)。

（三）工作场所中存在电离辐射危害的，经危害评价确认劳动者需佩戴劳动防护用品的，用人单位可参照电离辐射的相关标准及《个体防护装备配备基本要求》(GB/T 29510)为劳动者配备劳动防护用品，并指导劳动者正确佩戴和使用。

（四）从事存在物体坠落、碎屑飞溅、转动机械和锋利器具等作业的劳动者，用人单位还可参照《个体防护装备选用规范》(GB/T 11651)、《头部防护安全帽选用规范》(GB/T 30041)和《坠落防护装备安全使用规范》(GB/T 23468)等标准，为劳动者配备适用的劳动防护用品。

第十二条 同一工作地点存在不同种类的危险、有害因素的，应当为劳动者同时提供防御各类危害的劳动防护用品。需要同时配备的劳动防护用品，还应考虑其可兼容性。

劳动者在不同地点工作，并接触不同的危险、有害因素，或接触不同的危害程度的有害因素的，为其选配的劳动防护用品应满足不同工作地点的防护需求。

第十三条 劳动防护用品的选择还应当考虑其佩戴的合适性和基本舒适性，根据个人特点和需求选择适合号型、式样。

第十四条 用人单位应当在可能发生急性职业损伤的有毒、有害工作场所配备应急劳动防护用品，放置于现场临近位置并有醒目标识。

用人单位应当为巡检等流动性作业的劳动者配备随身携带的个人应急防护用品。

第三章 劳动防护用品采购、发放、培训及使用

第十五条 用人单位应当根据劳动者工作场所中存在的危险、有害因素种类及危害程度、劳动环境条件、劳动防护用品有效使用时间制定适合本单位的劳动防护用品配备标准(见附件3)。

第十六条 用人单位应当根据劳动防护用品配备标准制定采购计划，购买符合标准的合格产品。

第十七条 用人单位应当查验并保存劳动防护用品检验报告等质量证明文件的原件或复印件。

第十八条 用人单位应当按照本单位制定的配备标准发放劳动防护用品，并作好登记(见附件4)。

第十九条 用人单位应当对劳动者进行劳动防护用品的使用、维护等专业知识的培训。

第二十条 用人单位应当督促劳动者在使用劳动防护用品前，对劳动防护用品进行检查，确保外观完好、部件齐全、功能正常。

第二十一条 用人单位应当定期对劳动防护用品的使用情况进行检查，确保劳动者正确使用。

第四章 劳动防护用品维护、更换及报废

第二十二条 劳动防护用品应当按照要求妥善保存，及时更换，保证其在有效期内。

公用的劳动防护用品应当由车间或班组统一保管，定期维护。

第二十三条 用人单位应当对应急劳动防护用品进行经常性的维护、检修，定期检测劳动防护用品的性能和效果，保证其完好有效。

第二十四条 用人单位应当按照劳动防护用品发放周期定期发放，对工作过程中损坏的，用人单位应及时更换。

第二十五条 安全帽、呼吸器、绝缘手套等安全性能要求高、易损耗的劳动防护用品，应当按照有效防护功能最低指标和有效使用期，到期强制报废。

第五章 附 则

第二十六条 本规范所称的工作地点，是指劳动者从事职业活动或进行生产管理而经常或定时停留的岗位和作业地点。

第二十七条 煤矿劳动防护用品的管理，按照《煤矿职业安全卫生个体防护用品配备标准》(AQ 1051)规定执行。

附件：

1 劳动防护用品选择程序

2 呼吸器和护听器的选用

3 用人单位劳动防护用品配备标准

4 劳动防护用品发放登记表

附件 1

劳动防护用品选择程序

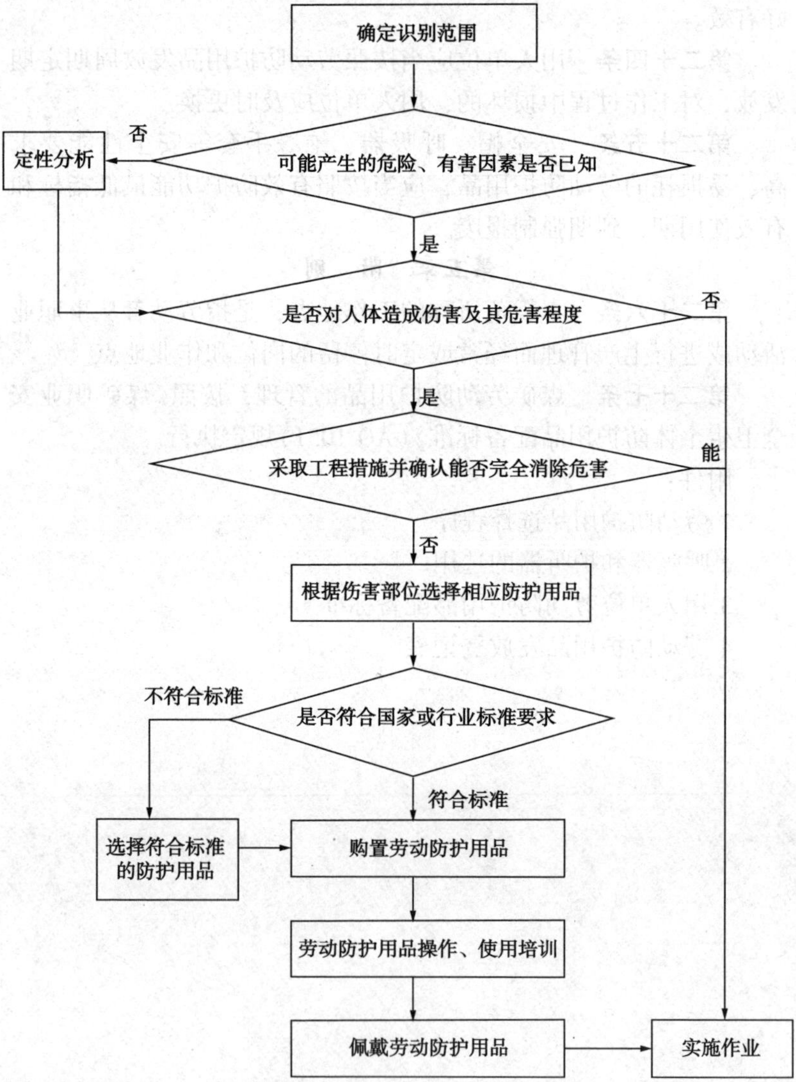

附件 2

呼吸器和护听器的选用

危害因素	分类	要求
颗粒物	一般粉尘，如煤尘、水泥尘、木粉尘、云母尘、滑石尘及其他粉尘	过滤效率至少满足《呼吸防护用品——自吸过滤式防颗粒物呼吸器》(GB 2626)规定的KN90级别的防颗粒物呼吸器
	石棉	可更换式防颗粒物半面罩或全面罩，过滤效率至少满足GB 2626规定的KN95级别的防颗粒物呼吸器
	矽尘、金属粉尘(如铅尘、镉尘)、砷尘、烟(如焊接烟、铸造烟)	过滤效率至少满足GB 2626规定的KN95级别的防颗粒物呼吸器
	放射性颗粒物	过滤效率至少满足GB 2626规定的KN100级别的防颗粒物呼吸器
	致癌性油性颗粒物(如焦炉烟、沥青烟等)	过滤效率至少满足GB 2626规定的KP95级别的防颗粒物呼吸器
化学物质	窒息气体	隔绝式正压呼吸器
	无机气体、有机蒸气	防毒面具 面罩类型： 工作场所毒物浓度超标不大于10倍，使用送风或自吸过滤半面罩；工作场所毒物浓度超标不大于100倍，使用送风或自吸过滤全面罩；工作场所毒物浓度超标大于100倍，使用隔绝式或送风过滤式全面罩
	酸、碱性溶液、蒸气	防酸碱面罩、防酸碱手套、防酸碱服、防酸碱鞋
噪声	劳动者暴露于工作场所 $80dB \leq L_{EX,8h} < 85dB$ 的	用人单位应根据劳动者需求为其配备适用的护听器
	劳动者暴露于工作场所 $L_{EX,8h} \geq 85dB$ 的	用人单位应为劳动者配备适用的护听器，并指导劳动者正确佩戴和使用。劳动者暴露于工作场所 $L_{EX,8h}$ 为85~95dB的应选用护听器SNR为17~34dB的耳塞或耳罩；劳动者暴露于工作场所 $L_{EX,8h} \geq 95dB$ 的应选用护听器 SNR≥34dB的耳塞、耳罩或者同时佩戴耳塞和耳罩，耳塞和耳罩组合使用时的声衰减值，可按二者中较高的声衰减值增加5dB估算

附件 3

用人单位劳动防护用品配备标准

岗位/工种	作业者数量	危险、有害因素类别	危险、有害因素浓度/强度	配备的防护用品种类	防护用品型号/级别	防护用品发放周期	呼吸器过滤元件更换周期

附件 4

劳动防护用品发放登记表

单位/车间：

序号	岗位/工种	员工姓名	防护用品名称	型号	数量	领用人签字	备注

发放人：　　　　　　　　　　　　　　　　　　　　日期：　　年　月　日

要义理解

劳动防护用品是保障劳动者安全与健康的辅助性、预防性措施。应急管理也是预防为主，因此，劳动防护用品管理是应急管理的应有之义，预防之需。

第六章 应急救援相关标准

一、生产经营单位生产安全事故应急预案编制导则

（GB/T 29639—2020）

1 范围

本标准给出了生产经营单位生产安全事故应急预案的编制程序、体系构成和综合应急预案、专项应急预案、现场处置方案的主要内容以及附件信息。

本标准适用于生产经营单位生产安全事故应急预案（以下简称应急预案）编制工作，核电厂、其他社会组织和单位的应急预案编制可参照本标准执行。

2 规范性引用文件

下列文件对于本文件的应用是必不可少的。凡是注日期的引用文件，仅注日期的版本适用于本文件。凡是不注日期的引用文件，其最新版本（包括所有的修改单）适用于本文件。

AQ/T 9007 生产安全事故应急演练基本规范

3 术语和定义

下列术语和定义适用于本文件。

3.1 应急预案 emergency response plan

针对可能发生的事故，为最大程度减少事故损害而预先制定的应急准备工作方案。

3.2 应急响应 emergency response

针对事故险情或事故，依据应急预案采取的应急行动。

3.3　应急演练　emergency exercise

针对可能发生的事故情景，依据应急预案而模拟开展的应急活动。

3.4　应急预案评审　emergency response plan review

对新编制或修订的应急预案内容的适用性所开展的分析评估及审定过程。

4　应急预案编制程序

4.1　概述

生产经营单位应急预案编制程序包括成立应急预案编制工作组、资料收集、风险评估、应急资源调查、应急预案编制、桌面推演、应急预案评审和批准实施8个步骤。

4.2　成立应急预案编制工作组

结合本单位部门职能和分工，成立以单位有关负责人为组长，单位相关部门人员(如生产、技术、设备、安全、行政、人事、财务人员)参加的应急预案编制工作组，明确工作职责和任务分工，制定工作计划，组织开展应急预案编制工作，预案编制工作组中应邀请相关救援队伍以及周边相关企业、单位或社区代表参加。

4.3　资料收集

应急预案编制工作组应收集下列相关资料，主要包括：

a) 适用的法律法规、部门规章、地方性法规和政府规章、技术标准及规范性文件；

b) 企业周边地质、地形、环境情况及气象、水文、交通资料；

c) 企业现场功能区划分、建(构)筑物平面布置及安全距离资料；

d) 企业工艺流程、工艺参数、作业条件、设备装置及风险评估资料；

e) 本企业历史事故与隐患、国内外同行业事故资料；

f) 属地政府及周边企业、单位应急预案。

4.4 风险评估

开展生产安全事故风险评估，撰写评估报告（编制大纲参见附录A），其内容包括但不限于：

a）辨识生产经营单位存在的危险有害因素，确定可能发生的生产安全事故类别；

b）分析各种事故类别发生的可能性、危害后果和影响范围；

c）评估确定相应事故类别的风险等级。

4.5 应急资源调查

全面调查和客观分析本单位以及周边单位和政府部门可请求援助的应急资源状况，撰写应急资源调查报告（编制大纲参见附录B），其内容包括但不限于：

a）本单位可调用的应急队伍、装备、物资、场所；

b）针对生产过程及存在的风险可采取的监测、监控、报警手段；

c）上级单位、当地政府及周边企业可提供的应急资源；

d）可协调使用的医疗、消防、专业抢险救援机构及其他社会化应急救援力量。

4.6 应急预案编制

4.6.1 应急预案编制应当遵循以人为本、依法依规、符合实际、注重实效的原则，以应急处置为核心，体现自救互救和先期处置的特点，做到职责明确、程序规范、措施科学，尽可能简明化、图表化、流程化。应急预案编制格式和要求参见附录C。

4.6.2 应急预案编制工作包括但不限于下列工作：

a）依据事故风险评估及应急资源调查结果，结合本单位组织管理体系、生产规模及处置特点，合理确立本单位应急预案体系；

b）结合组织管理体系及部门业务职能划分，科学设定本单位应急组织机构及职责分工；

c）依据事故可能的危害程度和区域范围，结合应急处置权限及能力，清晰界定本单位的响应分级标准，制定相应层级的应急处置措施；

d) 按照有关规定和要求，确定事故信息报告、响应分级与启动、指挥权移交、警戒疏散方面的内容，落实与相关部门和单位应急预案的衔接。

4.7 桌面推演

按照应急预案明确的职责分工和应急响应程序，结合有关经验教训，相关部门及其人员可采取桌面演练的形式，模拟生产安全事故应对过程，逐步分析讨论并形成记录，检验应急预案的可行性，并进一步完善应急预案。桌面演练的相关要求参见 AQ/T 9007。

4.8 应急预案评审

4.8.1 评审形式

应急预案编制完成后，生产经营单位应按法律法规有关规定组织评审或论证。参加应急预案评审的人员可包括有关安全生产及应急管理方面的、有现场处置经验的专家。应急预案论证可通过推演的方式开展。

4.8.2 评审内容

应急预案评审内容主要包括：风险评估和应急资源调查的全面性、应急预案体系设计的针对性、应急组织体系的合理性、应急响应程序和措施的科学性、应急保障措施的可行性、应急预案的衔接性。

4.8.3 评审程序

应急预案评审程序包括下列步骤：

a) 评审准备。成立应急预案评审工作组，落实参加评审的专家，将应急预案、编制说明、风险评估、应急资源调查报告及其他有关资料在评审前送达参加评审的单位或人员。

b) 组织评审。评审采取会议审查形式，企业主要负责人参加会议，会议由参加评审的专家共同推选出的组长主持，按照议程组织评审；表决时，应有不少于出席会议专家人数的三分之二同意方为通过；评审会议应形成评审意见(经评审组组长签字)，附参加评审会议的专家签字表。表决的投票情况应以书面材料记录在案，并作为评审意见的附件。

c) 修改完善。生产经营单位应认真分析研究，按照评审意见对应急预案进行修订和完善。评审表决不通过的，生产经营单位应修改完善后按评审程序重新组织专家评审，生产经营单位应写出根据专家评审意见的修改情况说明，并经专家组组长签字确认。

4.9 批准实施

通过评审的应急预案，由生产经营单位主要负责人签发实施。

5 应急预案体系

5.1 概述

生产经营单位应急预案分为综合应急预案、专项应急预案和现场处置方案。生产经营单位应根据有关法律、法规和相关标准，结合本单位组织管理体系、生产规模和可能发生的事故特点，科学合理确立本单位的应急预案体系，并注意与其他类别应急预案相衔接。

5.2 综合应急预案

综合应急预案是指生产经营单位为应对各种生产安全事故而制定的综合性工作方案，是本单位应对生产安全事故的总体工作程序、措施和应急预案体系的总纲。

5.3 专项应急预案

专项应急预案是指生产经营单位为应对某一种或者多种类型生产安全事故，或者针对重要生产设施、重大危险源、重大活动防止生产安全事故而制定的专项工作方案。

专项应急预案与综合应急预案中的应急组织机构、应急响应程序相近时，可不编写专项应急预案，相应的应急处置措施并入综合应急预案。

5.4 现场处置方案

现场处置方案是指生产经营单位根据不同生产安全事故类型，针对具体场所、装置或者设施所制定的应急处置措施。现场处置方案重点规范事故风险描述、应急工作职责、应急处置措施和注意事项，应体现自救互救、信息报告和先期处置的特点。

事故风险单一、危险性小的生产经营单位，可以只编制现场处置方案。

6 综合应急预案内容

6.1 总则

6.1.1 适用范围

说明应急预案适用的范围。

6.1.2 响应分级

依据事故危害程度、影响范围和生产经营单位控制事态的能力，对事故应急响应进行分级，明确分级响应的基本原则。响应分级不必照搬事故分级。

6.2 应急组织机构及职责

明确应急组织形式(可用图示)及构成单位(部门)的应急处置职责。应急组织机构可设置相应的工作小组，各小组具体构成、职责分工及行动任务应以工作方案的形式作为附件。

6.3 应急响应

6.3.1 信息报告

6.3.1.1 信息接报

明确应急值守电话、事故信息接收、内部通报程序、方式和责任人，向上级主管部门、上级单位报告事故信息的流程、内容、时限和责任人，以及向本单位以外的有关部门或单位通报事故信息的方法、程序和责任人。

6.3.1.2 信息处置与研判

6.3.1.2.1 明确响应启动的程序和方式。根据事故性质、严重程度、影响范围和可控性，结合响应分级明确的条件，可由应急领导小组作出响应启动的决策并宣布，或者依据事故信息是否达到响应启动的条件自动启动。

6.3.1.2.2 若未达到响应启动条件，应急领导小组可作出预警启动的决策，做好响应准备，实时跟踪事态发展。

6.3.1.2.3 响应启动后，应注意跟踪事态发展，科学分析处置需求，及时调整响应级别，避免响应不足或过度响应。

6.3.2 预警

6.3.2.1 预警启动

明确预警信息发布渠道、方式和内容。

6.3.2.2 响应准备

明确作出预警启动后应开展的响应准备工作，包括队伍、物资、装备、后勤及通信。

6.3.2.3 预警解除

明确预警解除的基本条件、要求及责任人。

6.3.3 响应启动

确定响应级别，明确响应启动后的程序性工作，包括应急会议召开、信息上报、资源协调、信息公开、后勤及财力保障工作。

6.3.4 应急处置

明确事故现场的警戒疏散、人员搜救、医疗救治、现场监测、技术支持、工程抢险及环境保护方面的应急处置措施，并明确人员防护的要求。

6.3.5 应急支援

明确当事态无法控制情况下，向外部(救援)力量请求支援的程序及要求、联动程序及要求，以及外部(救援)力量到达后的指挥关系。

6.3.6 响应终止

明确响应终止的基本条件、要求和责任人。

6.4 后期处置

明确污染物处理、生产秩序恢复、人员安置方面的内容。

6.5 应急保障

6.5.1 通信与信息保障

明确应急保障的相关单位及人员通信联系方式和方法，以及备用方案和保障责任人。

6.5.2 应急队伍保障

明确相关的应急人力资源，包括专家、专兼职应急救援队伍及协议应急救援队伍。

6.5.3 物资装备保障

明确本单位的应急物资和装备的类型、数量、性能、存放位置、运输及使用条件、更新及补充时限、管理责任人及其联系方式，并建立台账。

6.5.4 其他保障

根据应急工作需求而确定的其他相关保障措施(如：能源保障、经费保障、交通运输保障、治安保障、技术保障、医疗保障及后勤保障)。

注：第6.5.1~6.5.4条款的相关内容，应尽可能在应急预案的附件中体现。

7 专项应急预案内容

7.1 适用范围

说明专项应急预案适用的范围，以及与综合应急预案的关系。

7.2 应急组织机构及职责

明确应急组织形式(可用图示)及构成单位(部门)的应急处置职责。应急组织机构以及各成员单位或人员的具体职责。应急组织机构可以设置相应的应急工作小组，各小组具体构成、职责分工及行动任务建议以工作方案的形式作为附件。

7.3 响应启动

明确响应启动后的程序性工作，包括应急会议召开、信息上报、资源协调、信息公开、后勤及财力保障工作。

7.4 处置措施

针对可能发生的事故风险、危害程度和影响范围，明确应急处置指导原则，制定相应的应急处置措施。

7.5 应急保障

根据应急工作需求明确保障的内容。

注：专项应急预案包括但不限于上述7.1~7.4的内容。

8 现场处置方案内容

8.1 事故风险描述

简述事故风险评估的结果(可用列表的形式附在附件中)。

8.2 应急工作职责

明确应急组织分工和职责。

8.3 应急处置

主要包括以下内容：

a）应急处置程序。根据可能发生的事故及现场情况，明确事故报警、各项应急措施启动、应急救护人员的引导、事故扩大及同生产经营单位应急预案的衔接程序。

b）现场应急处置措施。针对可能发生的事故从人员救护、工艺操作、事故控制、消防、现场恢复等方面制定明确的应急处置措施。

c）明确报警负责人以及报警电话及上级管理部门、相关应急救援单位联络方式和联系人员，事故报告基本要求和内容。

8.4 注意事项

主要包括人员防护和自救互救、装备使用、现场安全等方面的内容。

9 附件

9.1 生产经营单位概况

简要描述本单位地址、从业人数、隶属关系、主要原材料、主要产品、产量，以及重点岗位、重点区域、周边重大危险源、重要设施、目标、场所和周边布局情况。

9.2 风险评估的结果

简述本单位风险评估的结果。

9.3 预案体系与衔接

简述本单位应急预案体系构成和分级情况，明确与地方政府及其有关部门、其他相关单位应急预案的衔接关系(可用图示)。

9.4 应急物资装备的名录或清单

列出应急预案涉及的主要物资和装备名称、型号、性能、数量、存放地点、运输和使用条件、管理责任人和联系电话等。

9.5 有关应急部门、机构或人员的联系方式

列出应急工作中需要联系的部门、机构或人员及其多种联系方式。

9.6 格式化文本

列出信息接报、预案启动、信息发布等格式化文本。

9.7 关键的路线、标识和图纸

包括但不限于：

a) 警报系统分布及覆盖范围；

b) 重要防护目标、风险清单及分布图；

c) 应急指挥部(现场指挥部)位置及救援队伍行动路线；

d) 疏散路线、集结点、警戒范围、重要地点的标识；

e) 相关平面布置、应急资源分布的图纸；

f) 生产经营单位的地理位置图、周边关系图、附近交通图；

g) 事故风险可能导致的影响范围图；

h) 附近医院地理位置图及路线图。

9.8 有关协议或者备忘录

列出与相关应急救援部门签订的应急救援协议或备忘录。

附 录 A
(资料性附录)
生产安全事故风险评估报告编制大纲

A.1 危险有害因素辨识

描述生产经营单位危险有害因素辨识的情况(可用列表形式表述)。

A.2 事故风险分析

描述生产经营单位事故风险的类型、事故发生的可能性、危害后果和影响范围(可用列表形式表述)。

A.3 事故风险评价

描述生产经营单位事故风险的类别及风险等级(可用列表形式表述)。

A.4 结论建议

得出生产经营单位应急预案体系建设的计划建议。

附 录 B
(资料性附录)
生产安全事故应急资源调查报告编制大纲

B.1 单位内部应急资源

按照应急资源的分类，分别描述相关应急资源的基本现状、功能完善程度、受可能发生的事故的影响程度(可用列表形式表述)。

B.2 单位外部应急资源

描述本单位能够调查或掌握可用于参与事故处置的外部应急资源情况(可用列表形式表述)。

B.3 应急资源差距分析

依据风险评估结果得出本单位的应急资源需求，与本单位现有内外部应急资源对比，提出本单位内外部应急资源补充建议。

附　录　C

(资料性附录)

应急预案编制格式和要求

C.1　封面

应急预案封面主要包括应急预案编号、应急预案版本号、生产经营单位名称、应急预案名称及颁布日期。

C.2　批准页

应急预案应经生产经营单位主要负责人批准方可发布。

C.3　目次

应急预案应设置目次，目次中所列的内容及次序如下：

a）批准页；

b）应急预案执行部门签署页；

c）章的编号、标题；

d）带有标题的条的编号、标题(需要时列出)；

e）附件，用序号表明其顺序。

二、生产经营单位生产安全事故应急预案评估指南

(AQ/T 9011—2019)

1　范围

本标准给出了生产经营单位生产安全事故应急预案评估的基本要求、工作程序与评估内容。

本标准适用于生产经营单位生产安全事故应急预案(以下简称应急预案)内容适用性的评估活动。根据预案类别、适用的对象不同，评估工作的组织及实施可参照本标准进行。

2　规范性引用文件

下列文件对于本文件的应用是必不可少的。凡是注日期的引用文件，仅注日期的版本适用于本文件。凡是不注日期的引用文

件，其最新版本(包括所有的修改单)适用于本文件。

GB/T 29639　生产经营单位生产安全事故应急预案编制导则

3　术语和定义

下列术语和定义适用于本文件。

3.1　应急预案　emergency response plan

针对可能发生的事故，为最大程度减少事故损害而预先制定的应急准备工作方案。

3.2　应急响应　emergency response

针对事故险情或事故，依据应急预案采取的应急行动。

3.3　应急预案评估　emergency response plan assessment

对应急预案内容的适用性所开展的分析过程。

4　基本要求

4.1　评估目的

发现应急预案存在的问题和不足，对是否需要修订做出结论，并提出修订建议。

4.2　评估依据

主要依据以下内容：

a）相关法律法规、标准及规范性文件；

b）生产经营单位风险评估结果；

c）生产经营单位应急组织机构设置情况；

d）应急演练评估报告；

e）应急处置评估报告；

f）应急资源调查及评估结果；

g）其他相关材料。

5 评估程序

5.1　成立评估组

结合本单位部门职能和分工，成立以单位相关负责人为组长，单位相关部门人员参加的应急预案评估组，明确工作职责和任务分工，制定工作方案。评估组成员人数一般为单数。生产经营单位可以邀请相关专业机构的人员或者有关专家参加应急预案评估，必要时委托安全生产技术服务机构实施。

5.2 资料收集分析

评估组应确定需评估的应急预案，依据4.2收集相关资料，明确以下情况：

a）法律法规、标准、规范性文件及上位预案中的有关规定变化情况；

b）应急指挥机构和成员单位(部门)及其职责调整情况；

c）面临的事故风险变化情况；

d）重要应急资源变化情况；

e）应急救援力量变化情况；

f）预案中的其他重要信息变化情况；

g）应急演练和事故应急处置中发现的问题；

h）其他情况。

5.3 评估实施

5.3.1 采用资料分析、现场审核、推演论证、人员访谈的方式，对应急预案进行评估：

a）资料分析：针对评估目的和评估内容，查阅法律法规、标准规范、应急预案、风险评估方面的相关文件资料，梳理有关规定、要求及证据材料，初步分析应急预案存在的问题。应急预案编制内容要求参见GB/T 29639。

b）现场审核：依据资料分析的情况，通过现场实地查看、设备操作检验的方式，准确掌握并验证应急资源、生产运行、工艺设备方面的问题情况。

c）推演论证：根据需要，采取桌面推演、实战演练的形式，对机构设置、职责分工、响应机制、信息报告方面的问题进行推演验证。

d）人员访谈：采取抽样访谈或座谈研讨的方式，向有关人员收集信息、了解情况、考核能力、验证问题、沟通交流、听取建议，进一步论证有关问题情况。

5.3.2 生产安全事故应急预案评估表参见附录A。

5.4 评估报告编写

应急预案评估结束后，评估组成员沟通交流各自评估情况，对照有关规定及相关标准，汇总评估中发现的问题，并形成一致、公正客观的评估组意见，在此基础上组织撰写评估报告。

6 评估内容

6.1 应急预案管理要求

法律法规、标准、规范性文件及上位预案是否对应急预案作出新规定和要求，主要包括应急组织机构及其职责、应急预案体系、事故风险描述、应急响应及保障措施。

6.2 组织机构与职责

主要包括：

a）生产经营单位组织体系是否发生变化；

b）应急处置关键岗位应急职责是否调整；

c）重点部门应急职责与分工是否重新划分；

d）应急组织机构或人员对应急职责是否存在疑议；

e）应急机构设置与职责能否满足实际需要。

6.3 主要事故风险

主要包括：

a）生产经营单位事故风险分析是否全面客观；

b）风险等级确定是否合理；

c）是否有新增事故风险；

d）事故风险防范和控制措施能否满足实际需要；

e）依据事故风险评估提出的应急资源需求是否科学。

6.4 应急资源

生产经营单位对于本单位应急资源和合作区域内可请求援助的应急资源调查是否全面、与事故风险评估得出的实际需求是否匹配；现有的应急资源的数量、种类、功能、用途是否发生重大变化。

6.5　应急预案衔接

应急预案是否与政府、企业不同层级、救援队伍、周边单位与社区应急预案衔接，对信息报告、响应分级、指挥权移交、警戒疏散作出合理规定。

6.6　实施反馈

在应急演练、应急处置、监督检查、体系审核及投诉举报中，是否发现应急预案存在组织机构、应急响应程序、先期处置及后期处置方面的问题。

6.7　其他

其他可能对应急预案内容的适用性产生影响的因素。

7　报告主要内容

7.1　生产安全事故应急预案评估报告编制大纲参见附录B。

7.2　评估报告内容通常包括：

a) 评估人员情况：评估人员基本信息及分工情况，包括姓名、性别、专业、职务职称及签字；

b) 预案评估组织：预案评估工作的组织实施过程和主要工作安排；

c) 预案基本情况：应急预案编制单位、编制及实施时间及批准人；

d) 预案评估内容：评估应急预案管理要求、组织机构与职责、主要事故风险、应急资源、应急预案衔接及应急响应级别划分方面的变化情况，以及实施反馈中发现的问题；

e) 预案适用性分析：依据评估出的变化情况和问题，对应急预案各个要素内容的适用性进行分析，指出存在的不符合项；

f) 改进意见和建议：针对评估出的不符合项，提出改进的意见和建议；

g) 评估结论：对应急预案作出综合评价及修订结论。

附　录　A

(资料性附录)

生产安全事故应急预案评估表

表A　生产安全事故应急预案评估表

评估要素	评估内容	评估方法	评估结果
1. 应急预案管理要求	1.1　梳理《中华人民共和国突发事件应对法》《中华人民共和国安全生产法》《生产安全事故应急条例》等法律法规中的有关新规定和要求，对照评估应急预案中的不符合项	资料分析	是否有不符合项，列出不符合项
	1.2　梳理国家标准、行业标准及地方标准中的有关新规定和要求，对照评估应急预案中的不符合项	资料分析	是否有不符合项，列出不符合项
	1.3　梳理规范性文件中的有关新规定和要求，对照评估应急预案中的不符合项	资料分析	是否有不符合项，列出不符合项
	1.4　梳理上位预案中的有关新规定和要求，对照评估应急预案中的不符合项	资料分析	是否有不符合项，列出不符合项
2. 组织机构与职责	2.1　查阅生产经营单位机构设置、部门职能调整、应急处置关键岗位职责划分方面的文件资料，初步分析本单位应急预案中应急组织机构设置及职责是否合适、是否需要调整	资料分析	根据文件资料，判断组织机构是否合适，列出不合适部分
	2.2　抽样访谈，了解掌握生产经营单位本级、基层单位办公室、生产、安全及其他业务部门有关人员对本部门、本岗位的应急工作职责的意见建议	人员访谈	列出相关人员的建议

续表

评估要素	评估内容	评估方法	评估结果
2. 组织机构与职责	2.3 依据资料分析和抽样访谈的情况，结合应急预案中应急组织机构及职责，召集有关职能部门代表，就重要职能进行推演论证，评估值班值守、调度指挥、应急协调、信息上报、舆论沟通、善后恢复的职责划分是否清晰，关键岗位职责是否明确，应急组织机构设置及职能分配与业务是否匹配	推演论证	职责划分是否清晰，岗位职责是否明确，机构设置及职能分配与业务是否匹配，列出不符合项
3. 主要事故风险	3.1 查阅生产经营单位风险评估报告，对照生产运行和工艺设备方面有关文件资料，初步分析本单位面临的主要事故风险类型及风险等级划分情况	资料分析	根据相关资料得出的本单位面临的主要事故风险类型及风险等级划分情况
	3.2 根据资料分析情况，前往重点基层单位、重点场所、重点部位查看验证	现场审核	现场查看风险情况
	3.3 座谈研讨，就资料分析和现场查证的情况，与办公室、生产、安全及相关业务部门以及基层单位人员代表沟通交流，评估本单位事故风险辨识是否准确、类型是否合理、等级确定是否科学、防范和控制措施能否满足实际需要，并结合风险情况提出应急资源需求	人员访谈	事故风险辨识是否准确、类型是否合理、等级确定是否科学、防范和控制措施能否满足实际需要，列出不符合项
4. 应急资源	4.1 查阅生产经营单位应急资源调查报告，对照应急资源清单、管理制度及有关文件资料，初步分析本单位及合作区域的应急资源状况	资料分析	根据相关资料得出的本单位及合作区域的应急资源状况

续表

评估要素	评估内容	评估方法	评估结果
4. 应急资源	4.2 根据资料分析情况，前往本单位及合作单位的物资储备库、重点场所，查看验证应急资源的实际储备、管理、维护情况，推演验证应急资源运输的路程路线及时长	现场审核 推演论证	应急资源的实际情况与预案情况是否相符，列出不符合项
	4.3 座谈研讨，就资料分析和现场查证的情况，结合风险评估得出的应急资源需求，与办公室、生产、安全及相关业务部门以及基层单位人员沟通交流，评估本单位及合作区域内现有的应急资源的数量、种类、功能、用途是否发生重大变化，外部应急资源的协调机制、响应时间能否满足实际需求	人员访谈	应急资源是否发生变化，外部应急资源的协调机制、响应时间能否满足实际需求，列出不符合项
5. 应急预案衔接	5.1 查阅上下级单位、有关政府部门、救援队伍及周边单位的相关应急预案，梳理分析在信息报告、响应分级、指挥权移交及警戒疏散工作方面的衔接要求，对照评估应急预案中的不符合项	资料分析	是否有不符合项，列出不符合项
	5.2 座谈研讨，就资料分析的情况，与办公室、生产、安全及相关业务部门、基层单位、周边单位人员沟通交流，评估应急预案在内外部上下衔接中的问题	人员访谈	是否有问题，列出预案衔接中的问题
6. 实施反馈	6.1 查阅生产经营单位应急演练评估报告、应急处置总结报告、监督检查、体系审核及投诉举报方面的文件资料，初步梳理归纳应急预案存在的问题	资料分析	列出存在的问题

续表

评估要素	评估内容	评估方法	评估结果
6. 实施反馈	6.2 座谈研讨，就资料分析得出的情况，与办公室、生产、安全及相关业务部门、基层单位人员沟通交流，评估确认应急预案存在的问题	人员访谈	列出座谈中反映的问题
7. 其他	7.1 查阅其他有可能影响应急预案适用性因素的文件资料，对照评估应急预案中的不符合项	资料分析	是否有不符合项，列出不符合项
	7.2 依据资料分析的情况，采取人员访谈、现场审核、推演论证的方式进一步评估确认有关问题	人员访谈 现场审核 推演论证	列出其他有关问题

附　录 B

(资料性附录)

生产安全事故应急预案评估报告编制大纲

B.1　总则

B.1.1　评估对象

B.1.2　评估目的

B.1.3　评估依据

B.2　应急预案评估内容

B.2.1　应急预案管理要求

B.2.2　组织机构与职责

B.2.3　主要事故风险

B.2.4　应急资源

B.2.5　应急预案衔接

B.2.6　实施反馈

B.3　应急预案适用性分析

对应急预案各个要素内容的适用性进行分析，指出存在的不符合项。

B.4　改进意见及建议

针对评估出的不符合项，提出相应的改进意见和建议。

B.5　评估结论

对应急预案作出综合评价及修订结论。

三、危险化学品单位应急救援物资配备要求

（GB 30077—2023）

1　范围

本文件规定了危险化学品单位应急救援物资的配备原则、总体配备要求、作业场所配备要求、企业应急救援队伍物资配备要求、其他配备要求、管理和维护要求等。

本文件适用于危险化学品生产和贮存单位应急救援物资的配备。

危险化学品使用、经营、运输和废弃处置单位的应急救援物资配备，参照本文件执行。

2　规范性引用文件

下列文件中的内容通过文中的规范性引用而构成本文件必不可少的条款。其中，注日期的引用文件，仅该日期对应的版本适用于本文件；不注日期的引用文件，其最新版本（包括所有的修改单）适用于本文件。

GB 2890　呼吸防护 自吸过滤式防毒面具

GB 6246　消防水带

GB 12358　作业场所环境气体检测报警仪 通用技术要求

GB 14866　个人用眼护具技术要求

GB/T 16556—2007　自给开路式压缩空气呼吸器

GB/T 17906—2021　消防应急救援装备 液压破拆工具通用技术条件

GB 21976.3　建筑火灾逃生避难器材 第3部分：逃生梯

GB/T 26200—2010　应急呼叫器

GB 28881　手部防护 化学品及微生物防护手套

GB/T 38305—2019　头部防护 救援头盔

GB 38453　防护服装 隔热服

GB 50313　消防通信指挥系统设计规范

GB/T 50779—2022　石油化工建筑物抗爆设计标准

GBZ 1—2010　工业企业设计卫生标准

AQ/T 6107—2008　化学防护服的选择、使用和维护

3　术语和定义

下列术语和定义适用于本文件。

3.1　应急救援物资　emergency rescue materials

危险化学品单位配备的用于处置危险化学品事故的车辆和各类侦检、个体防护、警戒、通信、输转、堵漏、洗消、破拆、排烟照明、灭火、救生等物资及其他器材。

3.2　危险化学品单位　hazardous chemical enterprises

依法设立且取得相关行政许可的生产、贮存、使用、经营、运输和废弃处置危险化学品的企业或单位。本文件中特指满足附录 A 的危险化学品生产和贮存单位。

3.3　企业应急救援队伍　enterprise emergency rescue team

依法建立的、配置有应急救援人员和应急救援器材、装备和物资，并定期组织应急救援演练，承担处置企业内各类危险化学品事故、救援遇险人员等应急救援任务的专业队伍或专职队伍。

3.4　作业场所　workplace

可能使作业人员接触危险化学品的任何作业活动场所，如一个工厂的生产区，或生产区中的一个车间。

4　配备原则

4.1　针对性

应急救援物资应根据本单位生产工艺，危险化学品的种类、数量，危险化学品事故特征和事故风险评估结果进行配置。本文

件范围内的危险化学品单位分为3类，分别为第一类、第二类和第三类危险化学品单位，类别划分方法符合附录A要求。

4.2 配套性

应急救援物资配备应确保系统配套、搭配合理、功能齐全、数量充足，应满足单位员工现场应急处置和企业应急救援队伍所承担救援任务的需要。

4.3 先进适用性

优先选择性能先进、适用性强、安全耐用、轻便高效的物资，并定期对已配备物资的有效性和使用效能等方面进行检查评估，及时淘汰过期和低效能物资。

5 总体配备要求

危险化学品单位应结合单位或辖区内典型事故及其他特殊处置场景需求，选择增配应急救援物资的种类和数量以及本文件中未列出的新型装备。

6 作业场所配备要求

在危险化学品单位作业场所，应急救援物资应存放在应急救援器材专用柜、应急站或指定地点。作业场所应急物资配备应符合表1的要求。

7 企业应急救援队伍物资配备要求

7.1 应急救援人员的个体防护装备配备

应急救援人员的个体防护装备配备应符合表2的要求。

7.2 抢险救援车辆配备要求

7.2.1 抢险救援车辆配备数量应符合表3的要求。

7.2.2 企业应急救援队伍抢险救援车品种，应符合表4的要求，生产、贮存剧毒或高毒危险化学品的单位应配备气体防护车。在此基础上，企业视实际需要增加车辆配备，车辆名录参见附录B表B.1。

7.2.3 企业应急救援队伍主要抢险救援车辆的技术性能应符合表5的要求，气体防护车内应急救援物资配备应符合表6要求。

表 1　作业场所救援物资配备要求

序号	物资名称	主要用途或技术要求	配备	备注
1	正压空气呼吸器	技术性能符合 GB/T 16556—2007 中第 5 章的要求	2 套	每套配备 1 个备用气瓶
2	化学防护服	技术性能符合 AQ/T 6107—2008 中第 4.2 的要求	2 套	具有有毒、腐蚀性危险化学品的作业场所
3	自吸过滤式防毒面具	技术性能符合 GB 2890 要求	1 个/人	类型根据有毒有害物质确定
4	气体检测仪	技术性能符合 GB 12358 要求	2 台	检测气体浓度，根据作业场所有毒有害气体的种类确定
5	手电筒	易燃易爆场所应防爆	1 个/人	根据当班人数确定，包括作业人员随身携带的同类物资
6	对讲机	易燃易爆场所应防爆	1 台/人	根据当班人数确定，包括作业人员随身携带的同类物资
7	急救箱或急救包	物资清单符合 GBZ 1—2010 中表 A.4 的要求	1 包	盛放常规外伤和化学伤害急救所需的敷料、药品和器械等
8	水带	消防用水的输送，技术性能符合 GB 6246 的要求	50m	1) 允许用水灭火、稀释或降温的场所配备； 2) 按现场风险及事故后果配备，不小于 50m

续表

序号	物资名称	主要用途或技术要求	配备	备注
9	多功能水枪	危险化学品的驱散、隔离、灭火、洗消等	1个	1)具体型号可根据作业现场实际需求配备; 2)允许用水灭火、稀释或降温的场所配备
10	危化品收容输转器具	危险化学品泄漏物的收容输转，易燃易爆场所应防爆	1套	根据泄漏介质理化性质选择配备，常用物资包括危化品真空收集器，收容桶或其他输转器具
11	吸附材料	处理化学品泄漏	200kg	1)以工作介质理化性质选择吸附材料，包括化学性吸收材料和物理性吸附材料，常用吸附材料为干沙土、吸附颗粒、吸附毡(具有爆炸危险性的除外); 2)按现场风险及事故后果配备，不少于200kg
12	洗消设施或清洗剂	洗消受污染或可能受污染的人员、设备和器材	1套	在工作地点配备
13	应急处置工具箱	工作箱内配备常用工具或专业处置工具、警戒绳、风向标、救生绳等	1套	易燃易爆场所应配置无火花工具

表 2　应急救援人员个体防护装备配备要求

序号	名称	主要用途或技术要求	配备	备份比	备注
1	救援头盔	技术性能符合 GB/T 38305—2019 中第 4 章的要求	1 顶/人	4∶1	头部、面部及颈部的安全防护
2	护目镜	技术性能符合 GB 14866 的要求	1 副/人	4∶1	—
3	二级化学防护服装	化学灾害现场作业时的躯体防护	1 套/10 人 至少 2 套	4∶1	以值勤人员数量确定
4	一级化学防护服装	重度化学灾害现场全身防护	1 套/10 人 至少 3 套	4∶1	1)涉及中等毒以上、强腐蚀等危险化学品的企业配备; 2)以值勤人员数量确定
5	灭火防护套装(灭火防护服、消防手套和灭火防护靴等)	灭火救援作业时的身体防护	1 套/人	3∶1	指挥员可选配消防指挥服
6	隔热服	技术性能符合 GB 38453 的要求	1 套/人	3∶1	强热辐射场所下配备
7	防静电套装	可燃气体、粉尘、蒸气等易燃易爆场所作业时的躯体防护	1 套/人	4∶1	1)低温场所应配备防低温背心、防寒服; 2)包括防静电服、防静电工作帽、防静电内衣、防静电靴、防静电手套

续表

序号	名称	主要用途或技术要求	配备	备份比	备注
8	化学品防护手套	手部及腕部防护，技术性能符合GB 28881的要求	2副/人	—	带电区域需具备绝缘功能
9	防化靴	事故现场作业时的脚部和小腿部防护	1双/人	4：1	易燃易爆场所应配备防静电靴，带电区域需具备绝缘功能
10	安全腰带	登梯作业和逃生自救	1根/人	4：1	—
11	正压空气呼吸器	缺氧或有毒现场作业时的呼吸防护，技术性能符合GB/T 16556—2007中第5章的要求	1具/人	5：1	1)以值勤人员数量确定； 2)备用气瓶按照正压空气呼吸器总量1：1备份
12	佩戴式防爆照明灯	单人作业照明	1个/人	5：1	—
13	轻型安全绳	救援人员的救生、自救和逃生	1根/人	4：1	—
14	消防腰斧	破拆和自救	1把/人	4：1	
15	应急呼叫器	技术性能符合GB/T 26200—2010中第5章的要求	1个/人	—	在室内或室外使用，能发出应急呼叫信息(信号)，易燃易爆场所应防爆

注：1. 表中“备份比”是指应急救援人员防护装备配备投入使用数量与备用数量之比。
2. 根据备份比计算的备份数量为非整数时向上取整。
3. 第三类危险化学品单位应急救援人员可使用作业场所配备的个体防护装备，不配备该表中的装备。

表 3　抢险救援车辆配备数量

单位（辆）

危险化学品单位级别	第一类危险化学品单位	第二类危险化学品单位	第三类危险化学品单位
抢险救援车辆数	≥3	≥1	—

表 4　常用抢险救援车辆品种配备要求

单位（辆）

<table>
<tr><th>序号</th><th colspan="2">车辆品种</th><th>第一类危险化学品单位</th><th>第二类危险化学品单位</th><th>第三类危险化学品单位</th></tr>
<tr><td>1</td><td rowspan="3">灭火抢险救援车</td><td>水罐或泵浦抢险救援车</td><td rowspan="3">1</td><td rowspan="3">1</td><td rowspan="3">—</td></tr>
<tr><td>2</td><td>水罐或泡沫抢险救援车</td></tr>
<tr><td>3</td><td>干粉泡沫联用抢险救援车</td></tr>
<tr><td>4</td><td rowspan="2">专勤抢险救援车</td><td>多功能抢险救援车或气体防护车</td><td>1</td><td>—</td><td>—</td></tr>
<tr><td>5</td><td>危险化学品事故抢险救援车或防化洗消抢险救援车</td><td>1</td><td>—</td><td>—</td></tr>
</table>

表 5　主要抢险救援车辆的技术性能

技术性能		第一类危险化学品单位		第二类危险化学品单位		第三类危险化学品单位	
发动机功率/kW		≥191		≥132		≥132	
比功率/(kW/t)		≥10		≥8		≥8	
水罐抢险救援车出水性能	出口压力/MPa	1	1.8	1	1.8	1	1.8
	流量/(L/s)	60	30	40	20	40	20
水罐抢险救援车出泡沫性能(类)		A、B		A、B		B	
多功能抢险救援车	起吊质量/kg	≥5000		≥3000		≥3000	
	牵引质量/kg	≥7500		≥5000		≥5000	

表 6　气体防护车内应急救援物资配备要求

序号	物资名称	主要用途或技术要求	配备	备注
1	正压空气呼吸器	技术性能符合 GB/T 16556—2007 中第 5 章的要求	2 套	每套配备 1 个备用气瓶
2	自动苏生器	自动进行正负压人工呼吸	1 套	—
3	供氧设备	治疗中毒人员	2 套	包括医用氧气瓶
4	移动式长管供气系统	缺氧或有毒有害气体环境中为抢险救灾人员提供长时间呼吸保护	1 台	—
5	对讲机	易燃易爆场所应选防爆型，通讯距离不低于 1000m	2 台	—

续表

序号	物资名称	主要用途或技术要求	配备	备注
6	抢险救援服	抢险人员躯体保护，橘红色	1套/人	根据气体防护车上配备的人员确定
7	头戴式防爆照明灯	灭火和抢险救援现场作业时的照明	1个/人	根据气体防护车上配备的人员确定
8	一级化学防护服	重度化学灾害现场全身防护	2套	—
9	二级化学防护服	化学灾害现场作业时的躯体防护	2套	—
10	隔热服	技术性能符合 GB 38453 要求	1套	强热辐射场所下配备
11	折叠担架	运送事故现场受伤人员	2副	—
12	急救包	物资清单符合 GBZ 1—2010 中表 A. 4 的要求	1个	盛放常规外伤和化学伤害急救所需的敷料、药品和器械等
13	可燃气体检测仪	可检测多种易燃易爆气体的浓度，防爆型，具备防水和快速感应性能，技术性能符合 GB 12358 的要求	2台	检测事故现场易燃易爆气体，根据企业可燃气体的种类配备
14	有毒气体检测仪	具备自动识别、防水、防爆性能；能探测有毒、有害气体及氧含量，防爆型，技术性能符合 GB 12358 的要求	2台	根据企业有毒有害气体的种类配备
15	风向仪	气体防护及检测工作	1套	—

7.3 抢险救援物资配备要求

7.3.1 第一类危险化学品单位应急救援队伍的抢险救援物资配备的种类和数量应符合附录 C 的要求。在此基础上，企业视实际需要增加物资配备，物资名录参见表 B.2。

7.3.2 第二类危险化学品单位应急救援队伍的抢险救援物资配备的种类和数量应符合附录 D 的要求。在此基础上，企业可根据实际需要增加物资配备，物资名录参见表 B.3。

7.3.3 第三类危险化学品单位应急救援队伍准许使用作业场所应急救援物资作为抢险救援物资。

8 其他配备要求

8.1 危险化学品单位，除作业场所和应急救援队伍外的其他部门应根据应急响应过程中所承担的职责配备相应的应急救援物资。

8.2 发生事故后危险化学品可能泄漏至江河湖海的危险化学品单位应配备水上灭火抢险救援、水上泄漏物处置和防汛排涝等应急救援物资。

8.3 除作业场所的应急救援物资外的其他应急救援物资，可由危险化学品单位与其周边其他相关单位或应急救援机构签订互助协议，并能在这些单位或机构接到报警后 5 min 内到达现场，准许作为本单位的应急救援物资。

9 管理和维护

9.1 危险化学品单位应建立应急救援物资的有关制度和记录：

——物资清单

——物资使用管理制度

——物资测试检修制度

——物资租用制度

——资料管理制度

——物资调用和使用记录

——物资检查维护、报废及更新记录

9.2 应急救援物资应明确专人管理。应急救援物资应严格按照产品说明书要求进行日常检查、定期维护保养。应急救援物资应存放在便于取用的固定场所，摆放整齐，不得随意摆放、挪作他用。

9.3 应急救援物资应保持完好，随时处于备战状态。物资若有损坏或影响安全使用的，应及时修理、更换或报废。

9.4 应急救援物资的使用人员，应接受相应的培训，熟悉装备的用途、技术性能及有关使用说明资料，并遵守操作规程。

附 录 A
(规范性)
危险化学品单位类别划分方法

危险化学品单位类别根据从业人数、营业收入和危险化学品重大危险源级别划分，见表 A.1：

表 A.1 危险化学品单位类别划分依据

企业规模	危险化学品重大危险源级别			
	一级危险化学品重大危险源	二级危险化学品重大危险源	三级危险化学品重大危险源	四级危险化学品重大危险源
从业人数 300 人以下或营业收入 2000 万元以下	第二类危险化学品单位	第三类危险化学品单位	第三类危险化学品单位	第三类危险化学品单位
从业人数 300 人以上 1000 人以下或营业收入 2000 万元以上 40000 万元以下	第二类危险化学品单位	第二类危险化学品单位	第二类危险化学品单位	第三类危险化学品单位
从业人数 1000 人以上或营业收入 40000 万元以上	第一类危险化学品单位	第二类危险化学品单位	第二类危险化学品单位	第二类危险化学品单位

注：1. 表中所称的“以上”包括本数，所称的“以下”不包括本数。

2. 没有危险化学品重大危险源的危险化学品企业可作为第三类危险化学品单位。

3. 表中危险化学品重大危险源级别，按单位中重大危险源的最高等级确定。

4. 表中企业规模按从业人员、营业收入划分不一致的，按最低等级确定。

附　录　B

（资料性）

危险化学品单位应急救援物资增配名录

常用抢险救援车辆品种增配名录参见表 B. 1。

表 B. 1　常用抢险救援车辆品种增配名录

序号	车辆品种	
1	灭火抢险救援车	干粉抢险救援车
2		压缩空气泡沫消防车
3	举高抢险救援车	登高平台抢险救援车
4		云梯抢险救援车
5		举高喷射抢险救援车
6	专勤抢险救援车	排烟抢险救援车或照明抢险救援车
7		通信指挥抢险救援车
8		供气抢险救援车
9	后勤抢险救援车	自装卸式抢险救援车（含器材保障、生活保障、供液集装箱）
10		器材抢险救援车或供水抢险救援车

注：第一类危险化学品单位增配的举高抢险救援车额定工作高度应不小于 30m，第二类和第三类危险化学品单位增配的举高抢险救援车额定工作高度应不小于 20m。

第一类危险化学品单位应急救援队伍的抢险救援物资增配名录参见表 B. 2。

表 B. 2　第一类危险化学品单位应急救援队伍的抢险救援物资增配名录

序号	种类	物资名称	主要用途或技术要求	备注
1	侦检	便携式水质分析仪	灾害事故现场定量检测分析多种危化品水质参数	—
2		红外热像仪	事故现场黑暗、浓烟环境中的搜寻；温差分辨率不小于 0. 25℃，有效检测距离不小于 40m	—
3		漏电探测仪	确定泄漏电源具体位置，可声光报警	—
4		激光测距仪	救援时对现场各种距离参数测定	—
5	灭火	三节拉梯	登高作业	—
6	堵漏	内封式堵漏袋	圆形容器和管道的堵漏作业；由防腐橡胶制成，工作压力 0. 15MPa	—
7		外封式堵漏袋	罐体外部堵漏作业；由防腐橡胶制成，工作压力 0. 15MPa	—
8		捆绑式堵漏袋	管道断裂堵漏作业；由防腐橡胶制成，工作压力 0. 15MPa	—
9		阀门堵漏套具	阀门泄漏的堵漏作业	—
10		管道黏结剂	小空洞或砂眼的堵漏	—

续表

序号	种类	物资名称	主要用途或技术要求	备注
11	输转	消防水回用装备	用于消防废水的快速处理回用	—
12	洗消	洗消粉	按比例与水混合后，对人体、物品和场地的降毒洗消	—
13	排烟照明	坑道小型空气输送机	缺氧空间作业，排风量符合常用救灾的要求；具备防静电功能	易燃易爆环境应选择具防爆功能
14	其他	抗爆庇护所	易燃易爆物质泄漏爆炸事故下为人员与重要安全设施提供安全防护，技术性能符合 GB/T 50779—2022 中第 3 章的要求	以区域内人员数量及重要设施规格确定抗爆庇护所尺寸
15	其他	防毒庇护所	有硫化氢等有毒气体泄漏事故中提供人员安全防护	以区域内人员数量确定防毒庇护所尺寸及生命供给系统配置
16	其他	消防机器人	代替消防救援人员进入事故现场进行侦察、灭火、救援等工作，履带或轮式底盘	按需求选配灭火、排烟、侦检等功能
17	其他	侦察无人机	用于事故现场内部环境侦察、人员位置确定、回传图像或视频，最大载荷不低于 5kg，空载时续航时间 a 不低于 30min	—

第二类危险化学品单位应急救援队伍的抢险救援物资增配名录参见表 B. 3。

表 B. 3　第二类危险化学品单位应急救援队伍的抢险救援物资增配名录

序号	种类	物资名称	主要用途或技术要求	备注
1	救生	救援三脚架	金属框架，配有手摇式绞盘，牵引滑轮最大承载 2500N，绳索长度不小于 30m	—
2		救生软梯	登高救生作业，技术性能符合 GB 21976. 3 的要求	—
3	堵漏	粘贴式堵漏工具	各种罐体和管道表面点状、线状泄漏的堵漏作业；无火花材料	—
4		注入式堵漏工具	阀门或法兰盘堵漏作业；无火花材料；配有手动液压泵，泵缸压力≥70MPa，使用温度-100～400℃	—
5	输转	有毒物质密封桶	装载有毒有害物质，可防酸碱，耐高温	—
6	排烟照明	移动发电机	灾害现场等的照明	—
7	其他	抗爆庇护所	易燃易爆物质泄漏爆炸事故下为人员与重要安全设施提供安全防护，技术性能符合 GB/T 50779—2022 中第 3 章的要求	以区域内人员数量及重要设施规格确定抗爆庇护所尺寸
8		防毒庇护所	硫化氢等有毒气体泄漏事故下提供人员安全防护	以区域内人员数量确定防毒庇护所尺寸及生命供给系统配置

附 录 C

(规范性)

第一类危险化学品单位应急救援队伍抢险救援物资配备要求

第一类危险化学品单位应急救援队伍的抢险救援物资配备要求见表 C. 1~表 C. 11。

表 C. 1 侦检器材配备要求

序号	物资名称	主要用途或技术要求	配备	备注
1	有毒气体探测仪	具备自动识别、防水、防爆性能；能探测有毒、有害气体及氧含量	2 台	同时具备可燃有毒气体检测功能的多合一检测仪，可合并按 2 台配备
2	可燃气体检测仪	检测事故现场易燃易爆气体，可检测多种易燃易爆气体的浓度，技术性能符合 GB 12358 要求	2 台	
3	红外测温仪	测量事故现场温度；可预设高、低温危险报警	1 台	—
4	便携式气象仪	测量风速、风向、温度、湿度、大气压等气象参数	1 台	—

表 C. 2 警戒器材配备要求

序号	物资名称	主要用途或技术要求	配备	备注
1	警戒标志杆	灾害事故现场警戒，有反光功能	10 根	—
2	锥形事故标志柱	灾害事故现场道路警戒	10 根	—

续表

序号	物资名称	主要用途或技术要求	配备	备注
3	隔离警示带	灾害事故现场警戒；双面反光，每盘长度约500m	10盘	备份2盘
4	出入口标志牌	灾害事故现场标示；图案、文字、边框均为反光材料，与标志杆配套使用，易燃易爆环境应为无火花材料	2组	—
5	危险警示牌	灾害事故现场警戒警示；分为有毒、易燃、泄漏、爆炸、危险等五种标志，图案为反光材料。与标志杆配套使用，易燃易爆环境应为无火花材料	5块	—
6	闪光警示灯	灾害事故现场警戒警示；频闪型，光线暗时自动闪亮	5个	备份2个
7	便携式扩音器	灾害事故现场指挥；功率大于10W，峰值声压级≥120dB，同时应具备警报功能	2个	—

表C.3　灭火器材配备要求

序号	物资名称	主要用途或技术要求	配备	备注
1	机动手抬泵	可人力搬运，用作输送水或泡沫溶液等液体灭火剂的专用泵	3台	同时配备相应配套软管，软管长度根据企业需求配备
2	移动式灭火装置	扑救可燃化学品火灾的移动式消防炮、泡沫灭火装置等	2套	低沸点等易燃液体危化品火灾根据现场风险配置

续表

序号	物资名称	主要用途或技术要求	配备	备注
3	A、B类比例混合器、泡沫液桶、空气泡沫枪	扑救小面积化工类火灾；由储液桶、吸液管和泡沫管枪组成，操作轻便快捷	2套	同时配备泡沫桶运输工具，方便将泡沫桶运送至事故现场
4	水带	消防用水的输送	2800m	—
5	应急水幕	阻挡或稀释有毒和易燃易爆气体或液体蒸气	1套	包括水幕水带、移动式水幕等器材
6	常规器材工具	按所配车辆技术标准要求配备	1套	扳手、水枪、分水器、接口、包布、护桥、泡沫钩管等常规器材工具
7	二节拉梯	登高作业	3个	—

表 C.4 通信器材配备要求

序号	物资名称	主要用途或技术要求	配备	备注
1	移动电话	具有防水、抗跌功能，易燃易爆环境应防爆	2部	指挥员配备
2	对讲机	应急救援人员间以及与后方指挥员的通讯，易燃易爆环境应防爆	1部/人	按执勤人数配备
3	通信指挥系统	技术性能符合 GB 50313 的要求，满足企业通信需求	1套	—

表 C.5　救生器材配备要求

序号	物资名称	主要用途或技术要求	配备	备注
1	自动体外除颤器(AED)	用于抢救心源性猝死患者	1套	—
2	医药急救箱	盛放常规外伤和化学伤害急救所需的敷料、药品和器械等	1个	—
3	救援担架	运送事故现场受伤人员；为金属框架，高分子材料表面材质，便于洗消，承重不小于100kg	1架	—
4	逃生面罩	灾害事故现场被救人员呼吸防护	10个	备份10个
5	缓降器	高处救人和自救；安全负荷不低于1300N，绳索防火、耐磨	2套	—
6	救援三脚架	技术性能符合XF 3009—2020中第5章的要求	1套	—
7	救生软梯	供被困人员逃生以及登高救生作业使用，技术性能符合GB 21976.3的要求	1条	—
8	救生绳	救人或自救工具，也可用于运送消防施救器材，50m	2组	—

表 C.6　破拆器材配备要求

序号	物资名称	主要用途或技术要求	配备	备注
1	液压破拆工具组	灾害现场破拆作业，技术性能符合GB/T 17906—2021中第6章的要求	1套	根据企业实际情况选配
2	无齿锯	切割金属和混凝土材料		
3	机动链锯	切割各类木质结构障碍物		
4	手动破拆工具组	灾害现场破拆作业		

表 C.7　堵漏器材配备要求

序号	物资名称	主要用途或技术要求	配备	备注
1	木制堵漏楔	各类孔洞状较低压力的堵漏作业；经专门绝缘处理，防裂，不变形	1套	每套不少于28种规格
2	气动吸盘式堵漏工具	封堵不规则孔洞；气动、负压式吸盘，可输转作业	1套	1)无火花材料，输转软管需防静电； 2)根据企业实际情况和工艺特点，选配1套堵漏工具
3	粘贴式堵漏工具	各种罐体和管道表面点状、线状泄漏的堵漏作业		
4	磁式堵漏工具	各种罐体和管道表面点状、线状泄漏的堵漏作业；适用温度不大于80℃		
5	注入式堵漏工具	阀门或法兰盘堵漏作业；无火花材料；配有手动液压泵，液压不小于70MPa，堵漏胶使用温度-100~400℃	1套	含注入式堵漏胶
6	无火花工具	易燃、易爆事故现场的手动作业，铜或铜合金材料制作	1套	每套不小于11种
7	金属堵漏套管	易燃、易爆事故现场的各种金属管道裂缝的密封堵漏，无火花材料制作	1套	—

表 C.8　输转器材配备要求

序号	物资名称	主要用途或技术要求	配备	备注
1	输转器具	收容、输转各种液体、粉体危化品的输转泵、危化品真空收集器等输转器具；易燃易爆场所应为防爆	1台	—
2	有毒物质密封桶	装载有毒有害物质；防酸碱，耐高温	2个	—
3	吸附材料	小范围内吸附酸、碱、有机物液体和其他腐蚀性液体	2箱	—
4	集污袋	装载有害物质	2只	—

表 C.9　洗消物品配备要求

序号	物资名称	主要用途或技术要求	配备	备注
1	强酸、碱清洗剂	手部或身体小面积部位的洗消	5 瓶	酸碱环境下配备
2	强酸、碱洗消器	化学灼伤部位的洗消	2 只	酸碱环境下配备
3	洗消帐篷	消防人员洗消；配有电动充气泵、喷淋、照明等系统	1 套	—

表 C.10　排烟照明器材配备要求

序号	物资名称	主要用途或技术要求	配备	备注
1	移动式排烟排风设备	灾害现场的排烟排风和送风，配有相应口径的风管	1 台	硫化氢等毒害环境下配置应急消除设备
2	移动照明灯组	灾害现场的作业照明，照度符合作业要求	1 套	易燃易爆环境应选择具防爆功能
3	移动发电机	灾害现场等电器设备的供电	2 台	—

表 C.11　其他物资配备要求

序号	物资名称	主要用途或技术要求	配备	备注
1	心肺复苏人体模型	急救训练用	1 套	—
2	空气充填泵	现场为空气呼吸器储气瓶充气	1 套	—
3	硫化氢捕消设备	硫化氢泄漏时提供快速清除手段，争取逃生和救援时间	1 套	硫化氢毒害环境下配备

附 录 D

（规范性）

第二类危险化学品单位应急救援队伍抢险救援物资配备要求

第二类危险化学品单位应急救援队伍的抢险救援物资配备要求见表 D.1。

表 D.1 应急救援物资配备种类和数量

序号	种类	物资名称	主要用途或技术要求	配备	备注
1	侦检	有毒气体探测仪	具备自动识别、防水、防爆性能，能探测有毒、有害气体及氧含量	2 台	同时具备可燃有毒气体检测功能的多合一检测仪，可合并按 2 台配备
2		可燃气体检测仪	技术性能符合 GB 12358 的要求	2 台	
3	警戒	各类警示牌	灾害事故现场警戒警示	1 套	—
4		隔离警示带	灾害事故现场警戒，双面反光	5 盘	备用 2 盘
5	灭火	移动式消防炮	扑救可燃化学品火灾	2 台	—
6		水带	消防用水的输送	1200m	—
7		常规器材工具	按所配车辆技术标准要求配备	1 套	扳手、水枪、分水器、接口、包布、护桥、泡沫钩管等常规器材工具

续表

序号	种类	物资名称	主要用途或技术要求	配备	备注
8	通信	移动电话	易燃易爆环境应防爆	2部	—
9		对讲机	易燃易爆环境应防爆	1台/人	—
10	救生	自动体外除颤器(AED)	用于抢救心源性猝死患者	1套	—
11		缓降器	高处救人和自救；安全负荷不低于1300N，绳索防火、耐磨	2套	—
12		逃生面罩	灾害事故现场被救人员呼吸防护	10个	备用5个
13		折叠式担架	运送事故现场受伤人员，为金属框架，高分子材料表面材质，便于洗消，承重不小于100kg	1架	—
14		安全绳	长度50m	2组	—
15		医药急救箱	盛放常规外伤和化学伤害急救所需的敷料、药品和器械等	1个	—
16	破拆	液压破拆工具组	灾害现场破拆作业	1套	根据企业实际情况选择其中一项配备
17		无齿锯	切割金属和混凝土材料，包括链条锯等		
18		手动破拆工具组	灾害现场破拆作业		

续表

序号	种类	物资名称	主要用途或技术要求	配备	备注
19	堵漏	木制堵漏楔	各类孔洞状较低压力的堵漏作业。经专门绝缘处理，防裂，不变形	1套	每套不少于28种规格
20		无火花工具	易燃易爆事故现场的手动作业，铜制材料	1套	—
21	输转	输转器具	收容、输转各种液体、粉体危化品的输转泵、危化品真空收集器等输转器具；易燃易爆场所应为防爆	1台	—
22		吸附材料	小范围内吸附酸、碱、有机物液体和其他腐蚀性液体	2箱	—
23	洗消	洗消帐篷	消防人员洗消；配有电动充气泵、喷淋、照明等系统	1顶	—
24	排烟照明	移动式排烟排风设备	灾害现场的排烟排风和送风，配有相应口径的风管	1台	硫化氢等毒害环境下配置应急消除设备
25		移动照明灯组	灾害现场的作业照明，照度符合作业要求	1组	—
26	其他	应急水幕	阻挡或稀释有毒和易燃易爆气体或液体蒸气	1套	包括水幕水带、移动式水幕等器材
27		硫化氢捕消设备	硫化氢泄漏时提供快速清除手段，争取逃生和救援时间	1套	硫化氢毒害环境下配备

四、生产安全事故应急演练基本规范

(AQ/T 9007—2019)

1 范围

本标准规定了生产安全事故应急演练(以下简称应急演练)的计划、准备、实施、评估总结和持续改进规范性要求。

本标准适用于针对生产安全事故所开展的应急演练活动。

2 规范性引用文件

下列文件对于本文件的应用是必不可少的。凡是注日期的引用文件，仅注日期的版本适用于本文件。凡是不注日期的引用文件，其最新版本(包括所有的修改单)适用于本文件。

AQ/T 9009—2015 生产安全事故应急演练评估规范

3 术语和定义

下列术语和定义适用于本文件。

3.1 事故情景 accident scenario

针对生产经营过程中存在的事故风险而预先设定的事故状况(包括事故发生的时间、地点、特征、波及范围以及变化趋势)。

3.2 应急演练 emergency exercise

针对可能发生的事故情景，依据应急预案而模拟开展的应急活动。

3.3 综合演练 complex exercise

针对应急预案中多项或全部应急响应功能开展的演练活动。

3.4 单项演练 individual exercise

针对应急预案中某一项应急响应功能开展的演练活动。

3.5 桌面演练 tabletop exercise

针对事故情景，利用图纸、沙盘、流程图、计算机模拟、视频会议等辅助手段，进行交互式讨论和推演的应急演练活动。

3.6 实战演练 practical exercise

针对事故情景，选择(或模拟)生产经营活动中的设备、设施、装置或场所，利用各类应急器材、装备、物资，通过决策行动、实际操作，完成真实应急响应的过程。

3.7 检验性演练 inspectability exercise

为检验应急预案的可行性、应急准备的充分性、应急机制的协调性及相关人员的应急处置能力而组织的演练。

3.8 示范性演练 demonstration exercise

为检验和展示综合应急救援能力，按照应急预案开展的具有较强指导宣教意义的规范性演练。

3.9 研究性演练 research exercise

为探讨和解决事故应急处置的重点、难点问题，试验新方案、新技术、新装备而组织的演练。

4 总则

4.1 应急演练目的

应急演练目的：

a) 检验预案。发现应急预案中存在的问题，提高应急预案的针对性、实用性和可操作性；

b) 完善准备。完善应急管理标准制度，改进应急处置技术，补充应急装备和物资，提高应急能力；

c) 磨合机制。完善应急管理部门、相关单位和人员的工作职责，提高协调配合能力；

d) 宣传教育。普及应急管理知识，提高参演和观摩人员风险防范意识和自救互救能力；

e) 锻炼队伍。熟悉应急预案，提高应急人员在紧急情况下妥善处置事故的能力。

4.2 应急演练分类

应急演练按照演练内容分为综合演练和单项演练，按照演练形式分为实战演练和桌面演练，按目的与作用分为检验性演练、示范性演练和研究性演练，不同类型的演练可相互组合。

4.3 演练工作原则

应急演练应遵循以下原则：

a）符合相关规定。按照国家相关法律法规、标准及有关规定组织开展演练。

b）依据预案演练。结合生产面临的风险及事故特点，依据应急预案组织开展演练。

c）注重能力提高。突出以提高指挥协调能力、应急处置能力和应急准备能力组织开展演练。

d）确保安全有序。在保证参演人员、设备设施及演练场所安全的条件下组织开展演练。

4.4 应急演练基本流程

应急演练基本流程包括计划、准备、实施、评估总结、持续改进五个阶段。

5 计划

5.1 需求分析

全面分析和评估应急预案、应急职责、应急处置工作流程和指挥调度程序、应急技能和应急装备、物资的实际情况，提出需通过应急演练解决的内容，有针对性地确定应急演练目标，提出应急演练的初步内容和主要科目。

5.2 明确任务

确定应急演练的事故情景类型、等级、发生地域，演练方式、参演单位、应急演练各阶段主要任务、应急演练实施的拟定日期。

5.3 制订计划

根据需求分析及任务安排，组织人员编制演练计划文本。

6 准备

6.1 成立演练组织机构

综合演练通常应成立演练领导小组，负责演练活动筹备和实施过程中的组织领导工作，审定演练工作方案、演练工作经费、演练评估总结以及其他需要决定的重要事项。演练领导小组下设策划与导调组、宣传组、保障组、评估组。根据演练规模大小，其组织机构可进行调整。

a）策划与导调组。负责编制演练工作方案、演练脚本、演练安全保障方案，负责演练活动筹备、事故场景布置、演练进程控制和参演人员调度以及与相关单位、工作组的联络和协调。

b）宣传组。负责编制演练宣传方案，整理演练信息、组织新闻媒体和开展新闻发布。

c）保障组。负责演练的物资装备、场地、经费、安全保卫及后勤保障。

d）评估组。负责对演练准备、组织与实施进行全过程、全方位的跟踪评估。演练结束后，及时向演练单位或演练领导小组及其他相关专业组提出评估意见、建议，并撰写演练评估报告。

6.2 编制文件

6.2.1 工作方案

演练工作方案内容：

a）目的及要求；

b）事故情景；

c）参与人员及范围；

d）时间与地点；

e）主要任务及职责；

f）筹备工作内容；

g）主要工作步骤；

h）技术支撑及保障条件；

i）评估与总结。

6.2.2 脚本

演练一般按照应急预案进行，按照应急预案进行时，根据工作方案中设定的事故情景和应急预案中规定的程序开展演练工作。演练单位根据需要确定是否编制脚本，如编制脚本，一般采用表格形式，主要内容：

a）模拟事故情景；

b）处置行动与执行人员；

c）指令与对白、步骤及时间安排；

d）视频背景与字幕；

e）演练解说词；

f）其他。

6.2.3　评估方案

演练评估方案内容：

a）演练信息：目的和目标、情景描述，应急行动与应对措施简介；

b）评估内容：各种准备、组织与实施、效果；

c）评估标准：各环节应达到的目标评判标准；

d）评估程序：主要步骤及任务分工；

e）附件：所需要用到的相关表格。

6.2.4　保障方案

演练保障方案应包括应急演练可能发生的意外情况、应急处置措施及责任部门、应急演练意外情况中止条件与程序。

6.2.5　观摩手册

根据演练规模和观摩需要，可编制演练观摩手册。演练观摩手册通常包括应急演练时间、地点、情景描述、主要环节及演练内容、安全注意事项。

6.2.6　宣传方案

编制演练宣传方案，明确宣传目标、宣传方式、传播途径、主要任务及分工、技术支持。

6.3　工作保障

根据演练工作需要，做好演练的组织与实施需要相关保障条件。保障条件主要内容：

a）人员保障

按照演练方案和有关要求，确定演练总指挥、策划导调、宣传、保障、评估、参演人员参加演练活动，必要时设置替补人员。

b）经费保障

明确演练工作经费及承担单位。

c）物资和器材保障

明确各参演单位所准备的演练物资和器材。

d）场地保障

根据演练方式和内容，选择合适的演练场地。演练场地应满足演练活动需要，应尽量避免影响企业和公众正常生产、生活。

e）安全保障

采取必要安全防护措施，确保参演、观摩人员以及生产运行系统安全。

f）通信保障

采用多种公用或专用通信系统，保证演练通信信息通畅。

g）其他保障

提供其他保障措施。

7 实施

7.1 现场检查

确认演练所需的工具、设备、设施、技术资料以及参演人员到位。对应急演练安全设备、设施进行检查确认，确保安全保障方案可行，所有设备、设施完好，电力、通信系统正常。

7.2 演练简介

应急演练正式开始前，应对参演人员进行情况说明，使其了解应急演练规则、场景及主要内容、岗位职责和注意事项。

7.3 启动

应急演练总指挥宣布开始应急演练，参演单位及人员按照设定的事故情景，参与应急响应行动，直至完成全部演练工作。演练总指挥可根据演练现场情况，决定是否继续或中止演练活动。

7.4 执行

7.4.1 桌面演练执行

在桌面演练过程中，演练执行人员按照应急预案或应急演练方案发出信息指令后，参演单位和人员依据接收到的信息，回答问题或模拟推演的形式，完成应急处置活动。通常按照四个环节循环往复进行：

a）注入信息。执行人员通过多媒体文件、沙盘、消息单等多种形式向参演单位和人员展示应急演练场景，展现生产安全事故发生发展情况。

b）提出问题。在每个演练场景中，由执行人员在场景展现完毕后根据应急演练方案提出一个或多个问题，或者在场景展现过程中自动呈现应急处置任务，供应急演练参与人员根据各自角色和职责分工展开讨论。

c）分析决策。根据执行人员提出的问题或所展现的应急决策处置任务及场景信息，参演单位和人员分组开展思考讨论，形成处置决策意见。

d）表达结果。在组内讨论结束后，各组代表按要求提交或口头阐述本组的分析决策结果，或者通过模拟操作与动作展示应急处置活动。

各组决策结果表达结束后，导调人员可对演练情况进行简要讲解，接着注入新的信息。

7.4.2 实战演练执行

按照应急演练工作方案，开始应急演练，有序推进各个场景，开展现场点评，完成各项应急演练活动，妥善处理各类突发情况，宣布结束与意外终止应急演练。实战演练执行主要按照以下步骤进行：

a）演练策划与导调组对应急演练实施全过程的指挥控制。

b）演练策划与导调组按照应急演练工作方案(脚本)向参演

单位和人员发出信息指令，传递相关信息，控制演练进程。信息指令可由人工传递，也可以用对讲机、电话、手机、传真机、网络方式传送，或者通过特定声音、标志与视频呈现。

c）演练策划与导调组按照应急演练工作方案规定程序，熟练发布控制信息，调度参演单位和人员完成各项应急演练任务。应急演练过程中，执行人员应随时掌握应急演练进展情况，并向领导小组组长报告应急演练中出现的各种问题。

d）各参演单位和人员，根据导调信息和指令，依据应急演练工作方案规定流程，按照发生真实事件时的应急处置程序，采取相应的应急处置行动。

e）参演人员按照应急演练方案要求，做出信息反馈。

f）演练评估组跟踪参演单位和人员的响应情况，进行成绩评定并做好记录。

7.5 演练记录

演练实施过程中，安排专门人员采用文字、照片和音像手段记录演练过程。

7.6 中断

在应急演练实施过程中，出现特殊或意外情况，短时间内不能妥善处理或解决时，应急演练总指挥按照事先规定的程序和指令中断应急演练。

7.7 结束

完成各项演练内容后，参演人员进行人数清点和讲评，演练总指挥宣布演练结束。

8 评估总结

8.1 评估

按照 AQ/T 9009—2015 中 7.1、7.2、7.3、7.4 要求执行。

8.2 总结

8.2.1 撰写演练总结报告

应急演练结束后，演练组织单位应根据演练记录、演练评估报告、应急预案、现场总结材料，对演练进行全面总结，并形成演练书面总结报告。报告可对应急演练准备、策划工作进行简要总结分析。参与单位也可对本单位的演练情况进行总结。演练总结报告的主要内容：

a) 演练基本概要；

b) 演练发现的问题，取得的经验和教训；

c) 应急管理工作建议。

8.2.2 演练资料归档

应急演练活动结束后，演练组织单位应将应急演练工作方案、应急演练书面评估报告、应急演练总结报告文字资料，以及记录演练实施过程的相关图片、视频、音频资料归档保存。

9 持续改进

9.1 应急预案修订完善

根据演练评估报告中对应急预案的改进建议，按程序对预案进行修订完善。

9.2 应急管理工作改进

9.2.1 应急演练结束后，演练组织单位应根据应急演练评估报告、总结报告提出的问题和建议，对应急管理工作(包括应急演练工作)进行持续改进。

9.2.2 演练组织单位应督促相关部门和人员，制定整改计划，明确整改目标，制定整改措施，落实整改资金，并跟踪督查整改情况。

五、生产安全事故应急演练评估规范

(AQ/T 9009—2015)

1 范围

本标准规定了生产安全事故应急演练评估(以下简称演练评估)的目的、内容、方法与工作程序。

本标准适用于针对生产安全事故应急演练所开展的评估活动。演练评估工作的组织及实施可根据演练内容、演练形式、演练规模和复杂程度参照本标准进行。

2 规范性引用文件

下列文件对于本标准的应用是必不可少的。凡是注日期的引用文件，仅注日期的版本适用于本文件。凡是不注日期的引用文件，其最新版本(包括所有的修改单)适用于本文件。

GB/T 29639—2013 生产经营单位生产安全事故应急预案编制导则

AQ/T 9007 生产安全事故应急演练指南

3 术语和定义

下列术语和定义适用于本文件。

3.1 应急演练 emergency exercise

针对可能发生的事故情景，依据应急预案而模拟开展的应急活动。

[GB/T 29639—2013，定义 3.5]

3.2 应急演练评估 emergency exercise evaluation

围绕演练目标和要求，对参演人员表现、演练活动准备及其组织实施过程作出客观评价，并编写演练评估报告的过程。

3.3 演练情景 exercise scenario

根据应急演练的目标要求，按照事故发生与演变的规律，事先假设的事故发生发展过程，描述事故发生的时间、地点、状态特征、波及范围、周边环境、可能的后果以及随时间的演变进程等内容。

3.4 相关方 interested party

与应急演练单位应急救援工作成效有关或受其事故影响的个人或团体。

4 总则

4.1 评估目的

通过评估发现应急预案、应急组织、应急人员、应急机制、应急保障等方面存在的问题或不足，提出改进意见或建议，并总结演练中好的做法和主要优点等。

4.2 评估依据

主要依据以下内容：

a) 有关法律、法规、标准及有关规定和要求；

b) 演练活动所涉及的相关应急预案和演练文件；

c) 演练单位的相关技术标准、操作规程或管理制度；

d) 相关事故应急救援典型案例资料；

e) 其他相关材料。

4.3 评估原则

实事求是、科学考评、依法依规、以评促改。

4.4 评估程序

评估准备、评估实施和评估总结。

4.5 评估组

4.5.1 构成

评估组由应急管理方面专家和相关领域专业技术人员或相关方代表组成，规模较大、演练情景和参演人员较多或实施程序复杂的演练，可设多级评估，并确定总体负责人及各小组负责人。

4.5.2 职责

负责对演练准备、组织与实施等进行全过程、全方位地跟踪评估。演练结束后，及时向演练单位或演练领导小组及其他相关专业工作组提出评估意见、建议，并撰写演练评估报告。

5 演练评估准备

5.1 成立评估机构和确定评估人员

按照4.5的要求，成立演练评估组和确定评估人员，评估人员应有明显标识。

5.2 演练评估需求分析

制定演练评估方案之前，应确定评估工作目的、内容和程序。

5.3 演练评估资料的收集

依据 4.2 的要求，收集演练评估所需要的相关资料和文件。

5.4 选择评估方式和方法

演练评估主要是通过对演练活动或参演人员的表现进行的观察、提问、听对方陈述、检查、比对、验证、实测而获取客观证据，比较演练实际效果与目标之间的差异，总结演练中好的做法，查找存在的问题。

演练评估应以演练目标为基础，每项演练目标都要设计合理的评估项目方法、标准。根据演练目标的不同，可以用选择项(如：是/否判断，多项选择)、评分(如：0—缺项、1—较差、3——般、5—优秀)、定量测量(如：响应时间、被困人数、获救人数)等方法进行评估。

5.5 编写评估方案和评估标准

5.5.1 编写评估方案

内容通常包括：

——概述：演练模拟的事故名称、发生的时间和地点、事故过程的情景描述、主要应急行动等；

——目的：阐述演练评估的主要目的；

——内容：演练准备和实施情况的评估内容；

——信息获取：主要说明如何获取演练评估所需的各种信息；

——工作组织实施：演练评估工作的组织实施过程和具体工作安排；

——附件：演练评估所需相关表格等。

注：该部分内容引自 AQ/T 9007。

5.5.2　制定评估标准

演练评估组召集有关方面和人员，根据演练总体目标和各参演机构的目标，以及具体演练情景事件、演练流程和保障方案，明确演练评估内容及要求。演练评估参照本标准附录 A、B 事先制定好演练评估表格，包括演练目标、评估方法、评估标准和相关记录项等。

5.6　培训评估人员

演练评估人员应听取演练组织或策划人员介绍演练方案以及组织和实施流程，并可进行交互式讨论，进一步明晰演练流程和内容。同时，评估组内部应围绕以下内容开展内部专题培训：

a）演练组织和实施的相关文件；

b）演练评估方案；

c）演练单位的应急预案和相关管理文件；

d）熟悉演练场地，了解有关参演部门和人员的基本情况、相关演练设施，掌握相关技术处置标准和方法；

e）其他有关内容。

5.7　准备评估材料、器材

根据演练需要，准备评估工作所需的相关材料、器材，主要包括演练评估方案文本、评估表格、记录表、文具、通信设备、计时设备、摄像或录音设备、计算机或相关评估软件等。

6　演练评估实施

6.1　评估人员就位

根据演练评估方案安排，评估人员提前就位，做好演练评估准备工作。

6.2　观察记录和收集数据、信息和资料

演练开始后，演练评估人员通过观察、记录和收集演练信息和相关数据、信息和资料，观察演练实施及进展、参演人员表现等情况，及时记录演练过程中出现的问题。在不影响演练进程的情况下，评估人员可进行现场提问并做好记录。

6.3 演练评估

根据演练现场观察和记录，依据制定的评估表，逐项对演练内容进行评估，及时记录评估结果。

7 演练评估总结

7.1 演练点评

演练结束后，可选派有关代表(演练组织人员、参演人员、评估人员或相关方人员)对演练中发现的问题及取得的成效进行现场点评。

7.2 参演人员自评

演练结束后，演练单位应组织各参演小组或参演人员进行自评，总结演练中的优点和不足，介绍演练收获及体会。演练评估人员应参加参演人员自评会并做好记录。

7.3 评估组评估

参演人员自评结束后，演练评估组负责人应组织召开专题评估工作会议，综合评估意见。评估人员应根据演练情况和演练评估记录发表建议并交换意见，分析相关信息资料，明确存在问题并提出整改要求和措施等。

7.4 编制演练评估报告

7.4.1 报告编写要求

演练现场评估工作结束后，评估组针对收集的各种信息资料，依据评估标准和相关文件资料对演练活动全过程进行科学分析和客观评价，并撰写演练评估报告，评估报告应向所有参演人员公示。

7.4.2 报告主要内容

内容通常包括：

——演练基本情况：演练的组织及承办单位、演练形式、演

练模拟的事故名称、发生的时间和地点、事故过程的情景描述、主要应急行动等;

——演练评估过程:演练评估工作的组织实施过程和主要工作安排;

——演练情况分析:依据演练评估表格的评估结果,从演练的准备及组织实施情况、参演人员表现等方面具体分析好的做法和存在的问题以及演练目标的实现、演练成本效益分析等;

——改进的意见和建议:对演练评估中发现的问题提出整改的意见和建议;

——评估结论:对演练组织实施情况的综合评价,并给出优(无差错地完成了所有应急演练内容)、良(达到了预期的演练目标,差错较少)、中(存在明显缺陷,但没有影响实现预期的演练目标)、差(出现了重大错误,演练预期目标受到严重影响,演练被迫中止,造成应急行动延误或资源浪费)等评估结论。

7.5 整改落实

演练组织单位应根据评估报告中提出的问题和不足,制定整改计划,明确整改目标,制定整改措施,并跟踪督促整改落实,直到问题解决为止。同时,总结分析存在问题和不足的原因。

附 录 A
(资料性附录)
实战演练评估

A.1 准备情况评估

实战演练准备情况的评估可从演练策划与设计、演练文件编制、演练保障3个方面进行,具体评估内容参见表A.1。

表 A.1 实战演练准备情况评估表

评估项目	评估内容
1 演练策划与设计	1.1 目标明确且具有针对性，符合本单位实际
	1.2 演练目标简明、合理、具体、可量化和可实现
	1.3 演练目标应明确“由谁在什么条件下完成什么任务，依据什么标准，取得什么效果”
	1.4 演练目标设置是从提高参演人员的应急能力角度考虑
	1.5 设计的演练情景符合演练单位实际情况，且有利于促进实现演练目标和提高参演人员应急能力
	1.6 考虑到演练现场及可能对周边社会秩序造成的影响
	1.7 演练情景内容包括了情景概要、事件后果、背景信息、演化过程等要素，要素较为全面
	1.8 演练情景中的各事件之间的演化衔接关系科学、合理，各事件有确定的发生与持续时间
	1.9 确定了各参演单位和角色在各场景中的期望行动以及期望行动之间的衔接关系
	1.10 确定所需注入的信息及其注入形式
2 演练文件编制	2.1 制定了演练工作方案、安全及各类保障方案、宣传方案
	2.2 根据演练需要编制了演练脚本或演练观摩手册
	2.3 各单项文件中要素齐全、内容合理，符合演练规范要求
	2.4 文字通顺、语言精炼、通俗易懂
	2.5 内容格式规范，各项附件项目齐全、编排顺序合理
	2.6 演练工作方案经过评审或报批
	2.7 演练保障方案印发到演练的各保障部门
	2.8 演练宣传方案考虑到演练前、中、后各环节宣传需要
	2.9 编制的观摩手册中各项要素齐全、并有安全告知

续表

评估项目	评估内容
3 演练保障	3.1 人员的分工明确，职责清晰，数量满足演练要求
	3.2 演练经费充足，保障充分
	3.3 器材使用管理科学、规范，满足演练需要
	3.4 场地选择符合演练策划情景设置要求，现场条件满足演练要求
	3.5 演练活动安全保障条件准备到位并满足要求
	3.6 充分考虑演练实施中可能面临的各种风险，制定必要的应急预案或采取有效控制措施
	3.7 参演人员能够确保自身安全
	3.8 采用多种通信保障措施，有备份通信手段
	3.9 对各项演练保障条件进行了检查确认

A.2 实施情况评估

实战演练准备情况的评估可从预警与信息报告、紧急动员、事故监测与研判、指挥和协调、事故处置、应急资源管理、应急通信、信息公开、人员保护、警戒与管制、医疗救护、现场控制及恢复和其他 13 个方面进行，具体评估内容参见表 A.2。

表 A.2 实战演练实施情况评估表

评估项目	评估内容
1 预警与信息报告	1.1 演练单位能够根据监测监控系统数据变化状况、事故险情紧急程度和发展势态或有关部门提供的预警信息进行预警
	1.2 演练单位有明确的预警条件、方式和方法
	1.3 对有关部门提供的信息、现场人员发现险情或隐患进行及时预警
	1.4 预警方式、方法和预警结果在演练中表现有效
	1.5 演练单位内部信息通报系统能够及时投入使用，能够及时向有关部门和人员报告事故信息

续表

评估项目	评估内容
1 预警与信息报告	1.6 演练中事故信息报告程序规范，符合应急预案要求
	1.7 在规定时间内能够完成向上级主管部门和地方人民政府报告事故信息程序，并持续更新
	1.8 能够快速向本单位以外的有关部门或单位、周边群众通报事故信息
2 紧急动员	2.1 演练单位能够依据应急预案快速确定事故的严重程度及等级
	2.2 演练单位能够根据事故级别，启动相应的应急响应，采用有效的工作程序，警告、通知和动员相应范围内人员
	2.3 演练单位能够通过总指挥或总指挥授权人员及时启动应急响应
	2.4 演练单位应急响应迅速，动员效果较好
	2.5 演练单位能够适应事先不通知突袭抽查式的应急演练
	2.6 非工作时间以及至少有一名单位主要领导不在应急岗位的情况下能够完成本单位的紧急动员
3 事故监测与研判	3.1 演练单位在接到事故报告后，能够及时开展事故早期评估，获取事件的准确信息
	3.2 演练单位及相关单位能够持续跟踪、监测事故全过程
	3.3 事故监测人员能够科学评估其潜在危害性
	3.4 能够及时报告事态评估信息
4 指挥和协调	4.1 现场指挥部能够及时成立，并确保其安全高效运转
	4.2 指挥人员能够指挥和控制其职责范围内所有的参与单位及部门、救援队伍和救援人员的应急响应行动
	4.3 应急指挥人员表现出较强指挥协调能力，能够对救援工作全局有效掌控
	4.4 指挥部各位成员能够在较短或规定时间内到位，分工明确并各负其责

续表

评估项目	评估内容
4 指挥和协调	4.5　现场指挥部能够及时提出有针对性的事故应急处置措施或制定切实可行的现场处置案并报总指挥部批准
	4.6　指挥部重要岗位有后备人选，并能够根据演练活动的进行合理轮换
	4.7　现场指挥部制定的救援方案科学可行，调集了足够的应急救援资源和装备(包括专业救援人员和相关装备)
	4.8　现场指挥部与当地政府或本单位指挥中心信息畅通，并实现信息持续更新和共享
	4.9　应急指挥决策程序科学，内容有预见性、科学可行
	4.10　指挥部能够对事故现场有效传达指令，进行有效管控
	4.11　应急指挥中心能够及时启用，各项功能正常、满足使用
5 事故处置	5.1　参演人员能够按照处置方案规定或在指定的时间内迅速达到现场开展救援
	5.2　参演人员能够对事故先期状况做出正确判断，采取的先期处置措施科学、合理，处置结果有效
	5.3　现场参演人员职责清晰、分工合理
	5.4　应急处置程序正确、规范，处置措施执行到位
	5.5　参演人员之间有效联络，沟通顺畅有效，并能够有序配合，协同救援
	5.6　事故现场处置过程中，参演人员能够对现场实施持续安全监测或监控
	5.7　事故处置过程中采取了措施防止次生或衍生事故发生
	5.8　针对事故现场采取必要的安全措施，确保救援人员安全
6 应急资源管理	6.1　根据事态评估结果，能够识别和确定应急行动所需的各类资源，同时根据需要联系资源供应方
	6.2　参演人员能够快速、科学使用外部提供的应急资源并投入应急救援行动

续表

评估项目	评估内容
6 应急资源管理	6.3　应急设施、设备、器材等数量和性能能够满足现场应急需要
	6.4　应急资源的管理和使用规范有序，不存在浪费情况
7 应急通信	7.1　通信网络系统正常运转，通讯能力能够满足应急响应的需求
	7.2　应急队伍能够建立多途径的通信系统，确保通讯畅通
	7.3　有专职人员负责通讯设备的管理
	7.4　应急通信效果良好，演练各方通信信息顺畅
8 信息公开	8.1　明确事故信息发布部门、发布原则，事故信息能够由现场指挥部及时准确向新闻媒体通报
	8.2　指定了专门负责公共关系的人员，主动协调媒体关系
	8.3　能够主动就事故情况在内部进行告知，并及时通知相关方（股东/家属/周边居民等）
	8.4　能够对事件舆情持续监测和研判，并对涉及的公共信息妥善处置
9 人员保护	9.1　演练单位能够综合考虑各种因素并协调有关方面确保各方人员安全
	9.2　应急救援人员配备适当的个体防护装备，或采取了必要自我安全防护措施
	9.3　有受到或可能受到事故波及或影响的人员的安全保护方案
	9.4　针对事件影响范围内的特殊人群，能够采取适当方式发出警告并采取安全防护措施
10 警戒与管制	10.1　关键应急场所的人员进出通道受到有效管制
	10.2　合理设置了交通管制点，划定管制区域
	10.3　各种警戒与管制标志、标识设置明显，警戒措施完善
	10.4　有效控制出入口，清除道路上的障碍物，保证道路畅通

续表

评估项目	评估内容
11 医疗救护	11.1 应急响应人员对受伤害人员采取有效先期急救，急救药品、器材配备有效
	11.2 及时与场外医疗救护资源建立联系求得支援，确保伤员及时得到救治
	11.3 现场医疗人员能够对伤病人员伤情作出正确诊断，并按照既定的医疗程序对伤病人员进行处置
	11.4 现场急救车辆能够及时准确地将伤员送往医院，并带齐伤员有关资料
12 现场控制及恢复	12.1 针对事故可能造成的人员安全健康与环境、设备与设施方面的潜在危害，以及为降低事故影响而制定的技术对策和措施有效
	12.2 事故现场产生的污染物或有毒有害物质能够及时、有效处置，并确保没有造成二次污染或危害
	12.3 能够有效安置疏散人员，清点人数，划定安全区域并提供基本生活等后勤保障
	12.4 现场保障条件满足事故处置、控制和恢复的基本需要
13 其他	13.1 演练情景设计合理，满足演练要求
	13.2 演练达到了预期目标
	13.3 参演的组成机构或人员职责能够与应急预案相符合
	13.4 参演人员能够按时就位、正确并熟练使用应急器材
	13.5 参演人员能够以认真态度融入到整体演练活动中，并及时、有效地完成演练中应承担的角色工作内容
	13.6 应急响应的解除程序符合实际并与应急预案中规定的内容相一致
	13.7 应急预案得到了充分验证和检验，并发现了不足之处
	13.8 参演人员的能力也得到了充分检验和锻炼

附 录 B
(资料性附录)
桌面演练评估

桌面演练的评估可从演练策划与准备、演练实施 2 个方面进行，具体评估内容参见表 B.1。

表 B.1 桌面演练评估表

评估项目	评估内容
1 演练策划与准备	1.1 目标明确且具有针对性，符合本单位实际
	1.2 演练目标简单、合理、具体、可量化和可实现
	1.3 设计的演练情景符合参演人员需要，且有利于促进实现演练目标和提高参与人员应急能力
	1.4 演练情景内容包括了情景概要、事件后果、背景信息、演化过程等要素，要素较为全面
	1.5 演练情景中的各事件之间的演化衔接关系设置科学、合理，各事件有确定的发生与持续时间
	1.6 确定了各参演单位和角色在各场景中的期望行动以及期望行动之间的衔接关系
	1.7 确定所需注入的信息及其注入形式
	1.8 制定了演练工作方案，明确了参演人员的角色和分工
	1.9 演练活动保障人员数量和工作能力满足桌面演练需要
	1.10 演练现场布置、各种器材、设备等硬件条件满足桌面演练需要
2 演练实施	2.1 演练背景、进程以及参演人员角色分工等解说清晰正确
	2.2 根据事态发展，分级响应迅速、准确
	2.3 模拟指挥人员能够表现出较强指挥协调能力，演练过程中各项协调工作全局有效掌控
	2.4 按照模拟真实发生的事件表述应急处置方法和内容

续表

评估项目	评估内容
2 演练实施	2.5　通过多媒体文件、沙盘、信息条等多种形式向参演人员展示应急演练场景，满足演练要求
	2.6　参演人员能够准确接收并正确理解演练注入的信息
	2.7　参演人员根据演练提供的信息和情况能够做出正确的判断和决策
	2.8　参演人员能够主动搜集和分析演练中需要的各种信息
	2.9　参演人员制定的救援方案科学可行，符合给出实际事故情况处置要求
	2.10　参演人员应急过程中的决策程序科学，内容有预见性、科学可行
	2.11　参演人员能够依据给出的演练情景快速确定事故的严重程度及等级
	2.12　参演人员能够根据事故级别，确定启动的应急响应级别，并能够熟悉应急动员的方法和程序
	2.13　参演人员能够熟悉事故信息的接报程序、方法和内容
	2.14　参演人员熟悉各自应急职责，并能够较好配合其他小组或人员开展工作
	2.15　参与演练各小组负责人能够根据各位成员意见提出本小组的统一决策意见
	2.16　参演人员对决策意见的表达思路清晰、内容全面
	2.17　参演人员做出的各项决策、行动符合角色身份要求
	2.18　参演人员能够与本应急小组人员共享相关应急信息
	2.19　应急演练能够全身心地参与到整个演练活动中
	2.20　演练的各项预定目标都得以顺利实现

六、危险化学品事故应急救援指挥导则

（AQ/T 3052—2015）

1 范围

本标准规定了危险化学品事故应急救援指挥的基本原则和程序。

本标准适用于由政府部门、外部救援力量和事故单位共同参与救援的危险化学品事故的应急救援。

2 规范性引用文件

下列文件对于本文件的应用是必不可少的。凡是注日期的引用文件，仅注日期的版本适用于本文件。凡是不注日期的引用文件，其最新版本(包括所有的修改单)适用于本文件。

GB/T 29639—2013 生产经营单位生产安全事故应急预案编制导则

3 术语和定义

下列术语和定义适用于本文件。

3.1 应急响应 emergency response

针对发生的事故，有关组织或人员采取的应急行动。

[GB/T 29639—2013，定义 3.3]

3.2 应急救援 emergencyrescue

在应急响应过程中，为最大限度地降低事故造成的损失或危害，防止事故扩大，而采取的紧急措施或行动。

[GB/T 29639—2013，定义 3.4]

3.3 撤离 retreat

在应急响应过程中，现场生产作业人员、救援人员因生命安全受到严重威胁而撤出事故现场的行为。

3.4 疏散 evacuate

在应急响应过程中，将生命安全受到威胁的事故现场周边公众转移至安全区域的行为。

4　基本原则

4.1　坚持救人第一、防止灾害扩大的原则。在保障施救人员安全的前提下，果断抢救受困人员的生命，迅速控制危险化学品事故现场，防止灾害扩大。

4.2　坚持统一领导、科学决策的原则。由现场指挥部和总指挥部根据预案要求和现场情况变化领导应急响应和应急救援，现场指挥部负责现场具体处置，重大决策由总指挥部决定。

4.3　坚持信息畅通、协同应对的原则。总指挥部、现场指挥部与救援队伍应保证实时互通信息，提高救援效率，在事故单位开展自救的同时，外部救援力量根据事故单位的需求和总指挥部的要求参与救援。

4.4　坚持保护环境，减少污染的原则。在处置中应加强对环境的保护，控制事故范围，减少对人员、大气、土壤、水体的污染。

4.5　在救援过程中，有关单位和人员应考虑妥善保护事故现场以及相关证据。任何人不得以救援为借口，故意破坏事故现场、毁灭相关证据。

5　基本程序

5.1　应急响应

5.1.1　事故单位应立即启动应急预案，组织成立现场指挥部，制定科学、合理的救援方案，并统一指挥实施。

5.1.2　事故单位在开展自救的同时，应按照有关规定向当地政府部门报告。

5.1.3　政府有关部门在接到事故报告后，应立即启动相关预案，赶赴事故现场(或应急指挥中心)，成立总指挥部，明确总指挥、副总指挥及有关成员单位或人员职责分工。

5.1.4　现场指挥部根据情况，划定本单位警戒隔离区域，抢救、撤离遇险人员，制定现场处置措施(工艺控制、工程抢险、防范次生衍生事故)，及时将现场情况及应急救援进展报总指挥部，向总指挥部提出外部救援力量、技术、物资支持、疏散公众等请求和建议。

5.1.5 总指挥部根据现场指挥部提供的情况对应急救援进行指导，划定事故单位周边警戒隔离区域，根据现场指挥部请求调集有关资源、下达应急疏散指令。

5.1.6 外部救援力量根据事故单位的需求和总指挥部的协调安排，与事故单位合力开展救援。

5.1.7 现场指挥部和总指挥部应及时了解事故现场情况，主要了解下列内容：

——遇险人员伤亡、失踪、被困情况。

——危险化学品危险特性、数量、应急处置方法等信息。

——周边建筑、居民、地形、电源、火源等情况。

——事故可能导致的后果及对周围区域的可能影响范围和危害程度。

——应急救援设备、物资、器材、队伍等应急力量情况。

——有关装置、设备、设施损毁情况。

5.1.8 现场指挥部和总指挥部根据情况变化，对救援行动及时作出相应调整。

5.2 警戒隔离

5.2.1 根据现场危险化学品自身及燃烧产物的毒害性、扩散趋势、火焰辐射热和爆炸、泄漏所涉及到的范围等相关内容对危险区域进行评估，确定警戒隔离区。

5.2.2 在警戒隔离区边界设警示标志，并设专人负责警戒。

5.2.3 对通往事故现场的道路实行交通管制，严禁无关车辆进入。清理主要交通干道，保证道路畅通。

5.2.4 合理设置出入口，除应急救援人员外，严禁无关人员进入。

5.2.5 根据事故发展、应急处置和动态监测情况，适当调整警戒隔离区。

5.3 人员防护与救护

5.3.1 应急救援人员防护

5.3.1.1 调集所需安全防护装备。现场应急救援人员应针对不同的危险特性，采取相应安全防护措施后，方可进入现场救援。

5.3.1.2 控制、记录进入现场救援人员的数量。

5.3.1.3 现场安全监测人员若遇直接危及应急人员生命安全的紧急情况，应立即报告救援队伍负责人和现场指挥部，救援队伍负责人、现场指挥部应当迅速作出撤离决定。

5.3.2 遇险人员救护

5.3.2.1 救援人员应携带救生器材迅速进入现场，将遇险受困人员转移到安全区。

5.3.2.2 将警戒隔离区内与事故应急处理无关人员撤离至安全区，撤离要选择正确方向和路线。

5.3.2.3 对救出人员进行现场急救和登记后，交专业医疗卫生机构处置。

5.3.3 公众安全防护

5.3.3.1 总指挥部根据现场指挥部疏散人员的请求，决定并发布疏散指令。

5.3.3.2 应选择安全的疏散路线，避免横穿危险区。

5.3.3.3 根据危险化学品的危害特性，指导疏散人员就地取材(如毛巾、湿布、口罩)，采取简易有效的措施保护自己。

5.4 现场处置

5.4.1 火灾爆炸事故处置

5.4.1.1 扑灭现场明火应坚持先控制后扑灭的原则。依危险化学品性质、火灾大小采用冷却、堵截、突破、夹攻、合击、分割、围歼、破拆、封堵、排烟等方法进行控制与灭火。

5.4.1.2 根据危险化学品特性，选用正确的灭火剂。禁止用水、泡沫等含水灭火剂扑救遇湿易燃物品、自燃物品火灾；禁用直流水冲击扑灭粉末状、易沸溅危险化学品火灾；禁用砂土盖压扑灭爆炸品火灾；宜使用低压水流或雾状水扑灭腐蚀品火灾，避免腐蚀品溅出；禁止对液态轻烃强行灭火。

5.4.1.3 有关生产部门监控装置工艺变化情况，做好应急状态下生产方案的调整和相关装置的生产平衡，优先保证应急救援所需的水、电、汽、交通运输车辆和工程机械。

5.4.1.4 根据现场情况和预案要求，及时决定有关设备、装置、单元或系统紧急停车，避免事故扩大。

5.4.2 泄漏事故处置

5.4.2.1 控制泄漏源

5.4.2.1.1 在生产过程中发生泄漏，事故单位应根据生产和事故情况，及时采取控制措施，防止事故扩大。采取停车、局部打循环、改走副线或降压堵漏等措施。

5.4.2.1.2 在其他储存、使用等过程中发生泄漏，应根据事故情况，采取转料、套装、堵漏等控制措施。

5.4.2.2 控制泄漏物

5.4.2.2.1 泄漏物控制应与泄漏源控制同时进行。

5.4.2.2.2 对气体泄漏物可采取喷雾状水、释放惰性气体、加入中和剂等措施，降低泄漏物的浓度或燃爆危害。喷水稀释时，应筑堤收容产生的废水，防止水体污染。

5.4.2.2.3 对液体泄漏物可采取容器盛装、吸附、筑堤、挖坑、泵吸等措施进行收集、阻挡或转移。若液体具有挥发及可燃性，可用适当的泡沫覆盖泄漏液体。

5.4.3 中毒窒息事故处置

5.4.3.1 立即将染毒者转移至上风向或侧上风向空气无污染区域，并进行紧急救治。

5.4.3.2　经现场紧急救治，伤势严重者立即送医院观察治疗。

5.4.4　其他处置要求

5.4.4.1　现场指挥人员发现危及人身生命安全的紧急情况，应迅速发出紧急撤离信号。

5.4.4.2　若因火灾爆炸引发泄漏中毒事故，或因泄漏引发火灾爆炸事故，应统筹考虑，优先采取保障人员生命安全，防止灾害扩大的救援措施。

5.4.4.3　维护现场救援秩序，防止救援过程中发生车辆碰撞、车辆伤害、物体打击、高处坠落等事故。

5.5　现场监测

5.5.1　对可燃、有毒有害危险化学品的浓度、扩散等情况进行动态监测。

5.5.2　测定风向、风力、气温等气象数据。

5.5.3　确认装置、设施、建(构)筑物已经受到的破坏或潜在的威胁。

5.5.4　监测现场及周边污染情况。

5.5.5　现场指挥部和总指挥部根据现场动态监测信息，适时调整救援行动方案。

5.6　洗消

5.6.1　在危险区与安全区交界处设立洗消站。

5.6.2　使用相应的洗消药剂，对所有染毒人员及工具、装备进行洗消。

5.7　现场清理

5.7.1　彻底清除事故现场各处残留的有毒有害气体。

5.7.2　对泄漏液体、固体应统一收集处理。

5.7.3　对污染地面进行彻底清洗，确保不留残液。

5.7.4　对事故现场空气、水源、土壤污染情况进行动态监测，并将监测信息及时报告现场指挥部和总指挥部。

5.7.5 洗消污水应集中净化处理，严禁直接外排。

5.7.6 若空气、水源、土壤出现污染，应及时采取相应处置措施。

5.8 信息发布

5.8.1 事故信息由总指挥部统一对外发布。

5.8.2 信息发布应及时、准确、客观、全面。

5.9 救援结束

5.9.1 事故现场处置完毕，遇险人员全部救出，可能导致次生、衍生灾害的隐患得到彻底消除或控制，由总指挥部发布救援行动结束指令。

5.9.2 清点救援人员、车辆及器材。

5.9.3 解除警戒，指挥部解散，救援人员返回驻地。

5.9.4 事故单位对应急救援资料进行收集、整理、归档，对救援行动进行总结评估，并报上级有关部门。

七、生产安全事故应急救援评估规范

（AQ 9012—2023）

1 范围

本文件规定了生产安全事故应急救援评估的基本要求、评估方式、评估程序和评估内容。

本文件适用于依法成立的事故调查组所开展的较大及以上生产安全事故应急救援评估工作。

2 规范性引用文件

下列文件中的内容通过文中的规范性引用而构成本文件必不可少的条款。其中，注日期的引用文件，仅该日期对应的版本适用于本文件；不注日期的引用文件，其最新版本（包括所有的修改单）适用于本文件。

GB/T 29639 生产经营单位生产安全事故应急预案编制导则

3 术语和定义

GB/T 29639 界定的以及下列术语和定义适用于本文件。

3.1 应急救援评估 emergency rescue assessment

围绕事故单位、事发地人民政府及参与处置和救援的部门、单位的应急准备、事故发生前预警、应急响应、应急处置、应急保障以及其他应急救援工作，分析应急救援过程、特点及做法，总结应急救援的成功经验和问题不足，作出评估结论，提出评估意见。

注：事故单位指事故发生单位和有关单位。

3.2 应急预案 emergency response plan

针对可能发生的事故，为最大程度减少事故损害而预先制定的应急准备工作方案。

[来源：GB/T 29639—2020，3.1]

4 基本要求

4.1 评估对象

事故单位、事发地人民政府及参与处置和救援的部门、单位。

4.2 评估依据

主要依据应包括但不限于以下内容：

a）有关法律、法规、规章、标准和规范性文件；

b）事故单位和事发地人民政府应急预案；

c）事故音像、视频资料；

d）信息化系统或设备中记录的数据信息；

e）事故信息接收、报送原始记录；

f）救援评估过程中涉及的谈话及询问笔录；

g）事故救援过程产生的物证及现场勘查取得的资料；

h）专家论证、技术鉴定意见。

4.3 评估原则

评估工作遵循科学严谨、依法依规、实事求是和注重实效的原则。

5 评估方式

5.1 资料分析

通过收集事故应急救援文字、图片、音视频资料和其他数据信息，真实还原事故发生和应急救援的全过程，分析应急救援的关键节点。

5.2 询问谈话

通过询问有关人员，听取事故单位、事发地人民政府应急救援现场指挥部及参与处置和救援的部门、应急救援队伍关于事故及应急救援情况说明，掌握事故应急救援的全过程，并做好谈话及询问笔录。

5.3 专家论证

通过召开专家会议，对事故应急救援过程中事故单位和事发地人民政府及参与处置和救援的部门、单位在应急准备、事故发生前预警、应急响应、应急处置、应急保障等关键环节进行论证。

5.4 现场勘查

通过检查勘验事故救援现场，发现、固定、提取有关证据。

5.5 技术鉴定

通过委托专业机构，对应急救援过程中物证及技术措施进行审查、测试和评价并作出结论。

6 评估程序

6.1 准备与启动

在事故调查组内成立救援评估组(以下简称评估组)，同步启动评估工作。评估启动工作应包括但不限于：

a）明确评估组的组成人员；

b）明确工作任务，制定工作方案；

c）召开评估组内部会议，明确职责分工和进度安排；

d）收集评估工作需要的法律、法规、规章、标准和规范性文件。

6.2 评估实施

6.2.1 汇集资料

事故单位、事发地人民政府及参与处置和救援的部门、单位应向评估组提供资料，并根据工作进展及时补充更新。提供的资料应包括但不限于：

a）事故的基本情况：事故单位概况，事故发生时间、地点、人员伤亡、财产损失情况，事故简要经过，事故初步原因；

b）事故单位、事发地人民政府及相关部门、单位的风险评估、应急资源调查、应急预案及演练、教育培训情况；

c）事故单位事故发生前预警情况；

d）事故单位信息报送、应急响应、应急处置情况；

e）事发地人民政府及相关部门信息接报、应急响应、应急处置情况；

f）参与应急救援队伍及应急、公安、卫健、电力、通信、供水、燃气、气象、城管、交通、环保部门应急救援力量信息接报、应急响应、应急救援物资装备、应急处置情况；

g）应急救援现场指挥部人员构成、分工、组织指挥体系，现场救援方案制定及执行，现场管理，信息发布与舆情引导情况；

h）后期处置情况及环境影响防控措施执行情况。

6.2.2 评估分析

评估组应按照第7章的评估内容对评估对象开展评估分析工作，评估内容及选用的主要评估方式见附录A。

6.3 评估总结

评估组应汇总评估过程中发现的经验和问题，形成客观公正的评估意见，得出应急救援评估结论，撰写应急救援评估报告。生产安全事故应急救援评估报告编制大纲见附录B。生产安全事故应急救援评估报告内容应包括但不限于：

a）应急救援基本情况：事故单位情况、事故发生简要经过、事故应急处置概况；

b）应急准备情况：事故单位、事发地人民政府及相关部门、单位应急准备情况；

c）预警情况：事故单位在事故发生前预警情况；

d）应急处置过程：信息接报，企业先期处置，事发地人民政府及相关部门应急响应(政府响应、部门联动)、组织指挥(各级指挥部成立及运行情况)、救援主要过程、人员救治与伤亡情况、信息发布和舆情引导、善后处置；

e）应急保障情况：专业技术保障，救援队伍及物资装备保障，其他救援力量及物资装备保障；

f）事故特点及救援难点：系统总结事故特点，分析救援过程中存在的难点；

g）应急救援评估意见：应急救援评估结论，救援经验做法，事故涉及单位具体责任，存在的主要问题和教训，在应急准备、事故发生前预警、应急处置方面对应当承担事故责任的人员和单位提出处理建议，并在报告正文或脚注中列出违反的法律、法规、规章、标准及规范性文件的具体条款或内容；

h）工作建议：提出改进应急救援工作的措施建议；

i）附件：提供证据文件或图表。

7 评估内容

7.1 事故单位应急救援情况评估

7.1.1 应急准备

应急准备的评估应包括但不限于：

a）事故单位开展风险辨识评估、编制应急预案情况，预案针对性和可操作性，预案备案及维护、更新情况；

b）事故单位开展应急演练和演练评估情况；

c）事故单位建立专(兼)职应急救援队伍(人员)、按规定配备值班人员和开展应急知识宣传教育培训情况；

d）事故单位应急组织架构、应急装备设施与物资保障和维护保养情况。

7.1.2　预警

事故单位安全生产风险监测预警装置或系统发出警报信息情况，以及事故单位针对警情所采取相关措施情况。

7.1.3　应急响应

7.1.3.1　信息报送

信息报送的评估应包括但不限于：

a）事故发生后，事故现场人员按规定报告本单位负责人情况；

b）事故单位按规定报告政府相关部门情况；

c）事故单位信息报送的及时、准确、完整情况；

d）对存在迟报、谎报、瞒报事故的情况，应加以说明。

7.1.3.2　先期处置

先期处置的评估应包括但不限于：

a）事故单位启动应急救援预案情况；

b）事故单位迅速采取有效措施控制危险源，组织抢救遇险人员，防止事故危害扩大情况；

c）事故单位组织营救被困人员，疏散、撤离、安置受到威胁的人员情况；

d）事故单位及时通知可能受到事故影响的单位和人员情况；

e）事故单位采取措施防范次生、衍生事故情况；

f）事故单位请求应急救援队伍参加救援并支持配合救援队伍情况；

g）维护事故现场秩序，保护事故现场和证据情况。

7.1.4　配合现场开展救援工作

7.1.4.1　应急联动

事故单位配合和支持参与应急救援的队伍及其他应急救援力量开展救援情况。

7.1.4.2　现场管理

现场管理的评估应包括但不限于：

a）事故单位采取有效措施维护现场秩序情况；

b）事故单位保护现场和证据情况。

7.1.5　应急保障

应急保障的评估应包括但不限于：

a）专业技术保障情况；

b）救援队伍、物资装备及后勤保障情况。

7.2　事发地人民政府及参与处置和救援的部门、单位应急救援情况评估

7.2.1　应急准备

根据事故级别，事发地人民政府及参与处置和救援的部门、单位应急准备情况的评估应包括但不限于：

a）事发地人民政府应急组织机构设置、人员编制、职责界定，以及应急救援专家组建立情况；

b）应急预案编制前风险评估与应急资源调查情况，应急预案编制和修订工作开展情况，应急预案针对性、可操作性和要素完整有效情况；

c）组织开展应急演练情况；

d）应急知识宣传教育培训情况；

e）应急值班制度和应急值班人员落实情况；

f）应急救援队伍建设、日常训练情况以及救援队伍人员具备必要的专业知识、技能、身体素质和心理素质情况。

7.2.2　应急响应

7.2.2.1　信息接收、流转和报送

信息接收、流转和报送的评估应包括但不限于：

a）接收事故信息的及时性；

b）上报事故信息的及时性和准确性；

c）信息报告的内容完整性；

d）信息在部门间的共享情况。

7.2.2.2　启动响应

事故发生后，事发地人民政府根据研判及时启动相应级别的应急响应情况。

7.2.3　应急处置

7.2.3.1　现场指挥

现场指挥的评估应包括但不限于：

a）现场指挥部及指挥场所成立情况；

b）现场指挥部下设工作组情况、各工作组的分工及协同救援情况；

c）现场指挥部对事故现场传达指令、进行管控及指挥权移交情况；

d）现场指挥部抢险救援方案的制定以及应急救援队伍落实方案情况；

e）现场管理、交通管制、医疗卫生、环境监测、舆情引导协调联动情况。

7.2.3.2　应急救援队伍和装备资源调动

应急救援队伍和装备资源调动的评估应包括但不限于：

a）向应急救援队伍下达救援命令、调动应急救援队伍情况；

b）调用和征用应急资源、物资装备情况；

c）应急救援队伍物资装备使用情况。

7.2.3.3 医疗救治和善后处置

医疗救治和善后处置的评估应包括但不限于：

a）组织抢救遇险人员，救治受伤人员，安抚伤亡人员家属以及维护社会稳定情况；

b）通知可能受到事故影响的单位和人员避险安置情况。

7.2.3.4 防止事故危害扩大和防控环境影响的措施

防止事故危害扩大和防控环境影响措施的评估应包括但不限于：

a）有效研判事故发展趋势以及可能造成的危害情况；

b）采取有效措施防止事故危害扩大和防范次生、衍生事故情况；

c）采取必要的措施减少事故对环境造成的危害情况。

7.2.3.5 现场秩序维护

现场秩序维护的评估应包括但不限于：

a）按照要求隔离事故现场，划定警戒区域，有效维护现场秩序情况；

b）及时疏散和安置事故可能影响的人员情况；

c）对现场周边及有关区域实行交通管制情况。

7.2.3.6 信息发布和舆情引导

评估事故有关情况和应急救援工作信息发布的及时性，以及舆情引导的有效性。

7.2.4 应急保障

应急保障情况的评估应包括但不限于：

a）专业技术保障情况；

b）救援队伍、物资装备和后勤保障情况；

c）应急、公安、卫健、电力、通信、供水、燃气、气象、城管、交通、环保部门救援力量及物资装备保障情况。

附　录　A

(资料性)

生产安全事故应急救援评估表

事故单位应急救援评估表见表 A.1。

表 A.1　事故单位应急救援评估表

评估项目	评估内容	主要评估方式	评估结果（客观性描述）
应急准备	事故单位参照 GB/T 29639 开展风险辨识评估、编制应急预案情况，预案针对性和可操作性，预案备案及维护、更新情况	资料分析、询问谈话	
	事故单位参照 AQ/T 9007 开展应急演练和参照 AQ/T 9009 开展演练评估情况	资料分析、询问谈话	
	事故单位建立专(兼)职应急救援队伍(人员)、按规定配备值班人员和开展应急知识宣传教育培训情况	资料分析、询问谈话、专家论证	
	事故单位应急组织架构、应急装备设施与物资保障和维护保养情况	资料分析、询问谈话、专家论证、现场勘查	
预警	事故单位安全生产风险监测预警装置或系统发出警报信息情况，以及事故单位针对警情所采取相关措施情况	资料分析、询问谈话	

续表

评估项目		评估内容	主要评估方式	评估结果（客观性描述）
应急响应	信息报送	事故发生后，事故现场人员按规定报告本单位负责人情况	资料分析、询问谈话	
		事故单位按规定报告政府相关部门情况	资料分析、询问谈话	
		事故单位信息报送的及时、准确、完整情况	资料分析、询问谈话、专家论证	
		对存在迟报、谎报、瞒报事故的情况，应加以说明	资料分析、询问谈话、专家论证	
	先期处置	事故单位启动应急救援预案情况	资料分析、询问谈话	
		事故单位迅速采取有效措施控制危险源，组织抢救遇险人员，防止事故危害扩大情况	资料分析、询问谈话、现场勘查	
		事故单位组织营救被困人员，疏散、撤离、安置受到威胁的人员情况	资料分析、询问谈话、现场勘查	
		事故单位及时通知可能受到事故影响的单位和人员情况	资料分析、询问谈话、现场勘查	
		事故单位采取措施防范次生、衍生事故情况	资料分析、询问谈话、专家论证、现场勘查、技术鉴定	
		事故单位请求应急救援队伍参加救援并支持配合救援队伍情况	资料分析、询问谈话	
		维护事故现场秩序，保护事故现场和证据情况	资料分析、现场勘查、技术鉴定	

续表

评估项目		评估内容	主要评估方式	评估结果（客观性描述）
配合现场开展救援工作	应急联动	事故单位配合和支持参与应急救援的队伍及其他应急救援力量开展救援情况	资料分析、询问谈话、专家论证、现场勘查	
	现场管理	事故单位采取有效措施维护现场秩序情况	资料分析、询问谈话、专家论证、现场勘查	
		事故单位保护现场和证据情况	资料分析、询问谈话、现场勘查、技术鉴定	
应急保障		专业技术保障情况	资料分析、询问谈话、现场勘查	
		救援队伍、物资装备及后勤保障情况	资料分析、询问谈话、现场勘查	

事发地人民政府及参与处置和救援的部门、单位应急救援评估表见表 A. 2。

表 A. 2　事发地人民政府及参与处置和救援的部门、单位应急救援评估表

评估项目	评估内容	主要评估方式	评估结果（客观性描述）
应急准备	事发地人民政府应急组织机构设置、人员编制、职责界定，以及应急救援专家组建立情况	资料分析、询问谈话、现场勘查	
	应急预案编制前风险评估与应急资源调查情况，应急预案编制和修订工作开展情况，应急预案针对性、可操作性和要素完整有效情况	资料分析、询问谈话、现场勘查	
	组织开展应急演练情况	资料分析、询问谈话、现场勘查	
	应急知识宣传教育培训情况	资料分析、询问谈话	
	应急值班制度和应急值班人员落实情况	资料分析、询问谈话、现场勘查	
	应急救援队伍建设、日常训练情况以及救援队伍人员具备必要的专业知识、技能、身体素质和心理素质情况	资料分析、询问谈话、现场勘查	

续表

评估项目		评估内容	主要评估方式	评估结果（客观性描述）
应急响应	信息接收、流转和报送	接收事故信息的及时性	资料分析、询问谈话	
		上报事故信息的及时性和准确性	资料分析、询问谈话	
		信息报告的内容完整性	资料分析、询问谈话	
		信息在部门间的共享情况	资料分析、询问谈话、专家论证	
	启动响应	事故发生后，事发地人民政府根据研判及时启动相应级别的应急响应情况	资料分析、询问谈话	
应急处置	现场指挥	现场指挥部及指挥场所成立情况	资料分析、询问谈话、现场勘查	
		现场指挥部下设工作组情况、各工作组的分工及协同救援情况	资料分析、询问谈话、专家论证	
		现场指挥部对事故现场传达指令、进行管控及指挥权移交情况	资料分析、询问谈话、专家论证、技术鉴定	
		现场指挥部抢险救援方案的制定以及应急救援队伍落实方案情况	资料分析、询问谈话、专家论证	
		现场管理、交通管制、医疗卫生、环境监测、舆情引导协调联动情况	资料分析、询问谈话、专家论证	

续表

评估项目		评估内容	主要评估方式	评估结果（客观性描述）
应急处置	应急救援队伍和装备资源调动	向应急救援队伍下达救援命令、调动应急救援队伍情况	资料分析、询问谈话、专家论证	
		调用和征用应急资源、物资装备情况	资料分析、询问谈话、专家论证	
		应急救援队伍物资装备使用情况	资料分析、询问谈话、专家论证	
	医疗救治和善后处置	组织抢救遇险人员，救治受伤人员，安抚伤亡人员家属以及维护社会稳定情况	资料分析、询问谈话、专家论证	
		通知可能受到事故影响的单位和人员避险安置情况	资料分析、询问谈话、专家论证、技术鉴定	
	防止事故危害扩大和防控环境影响的措施	有效研判事故发展趋势以及可能造成的危害情况	资料分析、询问谈话、专家论证	
		采取有效措施防止事故危害扩大和防范次生、衍生事故情况	资料分析、询问谈话、技术鉴定	
		采取必要的措施减少事故对环境造成的危害情况	询问谈话、专家论证、技术鉴定	

续表

评估项目		评估内容	主要评估方式	评估结果（客观性描述）
应急处置	现场秩序维护	按照要求隔离事故现场，划定警戒区域，有效维护现场秩序情况	资料分析、专家论证、技术鉴定	
		及时疏散和安置事故可能影响的人员情况	资料分析、询问谈话、现场勘查	
		对现场周边及有关区域实行交通管制情况	资料分析、询问谈话	
	信息发布与舆情引导	评估事故有关情况和应急救援工作信息发布的及时性，以及舆情引导的有效性	资料分析、询问谈话、专家论证	
应急保障		专业技术保障情况	资料分析、询问谈话、现场勘查	
		救援队伍、物资装备和后勤保障情况	资料分析、询问谈话、现场勘查	
		应急、公安、卫健、电力、通信、供水、燃气、气象、城管、交通、环保部门救援力量及物资装备保障情况	资料分析、询问谈话、现场勘查	

附 录 B
(资料性)
生产安全事故应急救援评估报告编制大纲

B.1 应急救援基本情况

B.1.1 事故单位情况

B.1.2 事故发生简要经过

B.1.3 事故应急处置概况

B.2 应急准备情况

B.2.1 事故单位应急准备情况

B.2.2 事发地人民政府及相关部门、单位应急准备情况

B.3 预警情况

事故单位在事故发生前预警情况。

B.4 应急处置过程

B.4.1 信息接报

B.4.2 企业先期处置

B.4.3 事发地人民政府及相关部门应急响应、组织指挥、救援主要过程、人员救治与伤亡情况、信息发布和舆情引导、善后处置

B.5 应急保障情况

B.5.1 专业技术保障

B.5.2 救援队伍及物资装备保障

B.5.3 其他救援力量及物资装备保障

B.6 事故特点及救援难点

系统总结事故特点，分析救援过程中存在的难点。

B.7 应急救援评估意见

B.7.1 应急救援评估结论

B.7.2 救援经验做法

B.7.3 事故涉及单位具体责任

B. 7. 4　存在的主要问题和教训

B. 7. 5　对应当承担事故责任的人员和单位提出处理建议

B. 8　工作建议

提出改进应急救援工作的措施建议。

参　考　文　献

习近平．习近平谈治国理政[M]．第二卷．北京：外文出版社，2017.